꿈을 이룬
꼰대가 MZ에게
전하고 싶은 이야기

꿈을 이룬 꼰대가
MZ에게 전하고 싶은 이야기

발 행 일	2023년 5월 23일 초판 1쇄 발행
	2023년 6월 12일 초판 2쇄 발행
지 은 이	조종식
발 행 인	김병석
편 집	노지호
마 케 팅	윤주경
발 행 처	한국표준협회미디어
출판등록	2004년 12월 23일(제2009-26호)
주 소	서울시 강남구 테헤란로 69길 5, 3층(삼성동)
전 화	02-6240-4891
팩 스	02-6240-4949
홈페이지	www.ksam.co.kr

KSAM 출판자문위원회
이석연 법무법인 서울 대표변호사, 헌법학자(前 법제처장)
이유재 서울대학교 경영대학 석좌교수
신완선 성균관대학교 시스템경영공학부 교수
표현명 한국타이어앤테크놀로지 사외이사(前 KT, 롯데렌탈 대표이사 사장)
배경록 前 씨네21 대표
한경준 前 한국경제신문 한경BP 대표이사
강명수 한국표준협회 회장(당연직)

ISBN 979-11-6010-064-8 03320
정가 16,000원

꿈을 이룬
꼰대가 MZ에게
전하고 싶은 이야기

조종식 지음

KSAM

CONTENTS

PART 1
가정에서 성공하는 아빠 되기

PART 2
회사에서 임원이 되는 Routine

PART 3
힘 있는 아빠 되기

백련산 자락에서

누구나 인생을 살면서 중·고등학교 시절 열심히 공부해 입학한 대학, 치열한 경쟁을 뚫고 취직한 첫 직장, 그리고 사랑하는 사람과의 운명적인 만남과 연애, 결혼 등 인생의 중요한 전환점마다 최선의 선택을 하고자 노력했을 것입니다.

필자 역시 같은 상황에서 최선의 선택을 했다고 자부하며 이제껏 열심히 살아 왔습니다. 지금은 33년간 호텔에서의 직장 생활을 퇴직하고 '서비스 전문 강사'라는 인생 3막을 도전하고 있습니다. 지금 와서 지난 세월을 돌아보니, 과연 그때의 내 선택이 최선이었을까 생각이 들곤 합니다. 고등학교 시절, 더 열심히 공부해서 관광경영학이 아닌 법학을 전공했더라면 어떻게 됐을까? 직업을 정할 때 호텔리어가 아닌 어릴 적부터 꿈이었던 목사를 선택했다면, 지금 내 인생은 어떻게 바뀌었을까 궁금할 때가 있습니다.

103세 철학자 김형석 교수님과의 대화를 질문과 대답 형식으로 쓴 「인생문답」이란 책에도 첫 번째 질문이 "인생을 후회 없이 살려면 어떻게 해야 하나요?"입니다.

필자는 후회 없는 삶을 살려면 스스로 자신의 운명을 결정해야 한다고 생각합니다. 자신이 좋아하고 잘하는 것을 선택해 평생 직업으로 삼고, 사랑하는 사람을 만나 가정을 이루고, 열심히 살아가면서 반드시 달성할 자신만의 꿈을 결정하는 것이 행복한 인생의 첫 단계라고 생각합니다.

하지만 젊은 시절 정한 자신의 꿈이 인생을 살아가는 현실에서 원하는 그대로 이뤄진다는 것은 정말 힘든 일입니다. 많은 사람들이 젊은 시절의 목표대로 살다가 현실의 치열한 경쟁 상황에서 실현할 수 없다는 것을 깨닫고 중도에 포기해 버리는 경우도 많습니다. 또한 최근에는 "개천에 용 난다"라는 것이 있을 수 없는 일이 되었고, 힘 있고 돈 많은 집안의 금수저로 태어나야지만 좋은 대학에 가고 좋은 직업을 선택하고, 좋은 집에서 평생 보장된 럭셔리한 삶을 살 수 있다는 정말 우울한 공감대가 이 사회에 형성되고 있습니다.

이런 사회 속에서 긍정적으로 노력하고 행복한 삶을 살아보겠다고 과감하게 도전장을 내민 젊은 아빠들에게 필자가 꼭 전해주고 싶은 얘기가 있습니다. 그것은 "후회하는 인생을 살지 않기 위해 자기 스스로 꿈을 정하고, 꼼꼼하게 계획하고 도전해서 꼭 꿈을 이루라"는 것입니다.

필자는 소위 말하는 '흙수저'입니다. 부모님은 1925년 일제 강점기에 태어나셔서 정말 모진 인생을 사시다 몇 해 전에 돌아가셨습니다. 충북 음성에서 고추, 담배 농사를 짓고 사시다가 1968년 일자리를 찾아 서울로 상경하셨지만 변변한 직업을 구하지 못해 아버지는 빗자루 행상을 하셨고, 어머니는 시장에서 상추를 파셨습니다. 아버지는 당시 상당히 가부장적이셨지만, 어머니는 막내였던 필자를 포함하여 슬하에 5남1녀의 자식을 두셨는데, 소학교도 다녀보지 못했던 당신의 못 배운 한을 자식에게까지 물려줄 수 없다하시며, 자식들을 대학 교육까지 공부시키겠다는 일념 아래 밤낮으로 일하셨습니다. 그때 그 흔한 가족 나들이 한 번 가보지 못해서 어린 시절 부모님과 함께 찍은 가족사진 한 장이 없을 정도였습니다.

대학을 가기 전까지 필자에게는 내 옷이란 개념이 아예 없었기 때문에 형들이 물려준 옷이 전부였고 물려준 책으로 공부하는 것도 당연한 일이었습니다. 대학을 다닐 때에도 5형제가 한 방에서 생활했기 때문에 속옷, 양말 등은 누구 건지 구별할 수도 없었고, 일찍 일어난 사람이 그나마 괜찮은 옷을 입는 것이 규칙이었던 탓에 일요일 아침 교회에 갈 때만큼은 새벽에 일어나야만 깨끗한 옷을 챙겨 입을 수 있었습니다.

필자는 대학에 입학한 후, 가난했던 부모님과는 다르게 보란 듯 성공해서 부자로 살아보겠다는 굳은 다짐과 함께 30년 후에 달성할 나만의 꿈과 구체적인 인생계획을 세웠습니다. 어차피 한치 앞도 예측이 불가능한 것이 인생이라면 내가 하고 싶은 것을 하며, 스스로 만든 꿈을 나침반 삼아 하루하루 나가보자는 생각이었습니다. 만약 꿈이 없다면, 드넓은 바다 위에서 나침반도 없고 방향타도 없는 배에 올라타 죽을 때까지 어디론가 흘러가겠지만, 결국 항구에 도착하지도 못하고 바다 위에서 생을 마감할 수밖에 없을 것 같았습니다. 그때 세운 꿈이 바로 '롯데호텔'에 입사해서 전 세계를 무대로 활동하는 실력 있는 '총지배인'이 되는 것이었고, 열심히 저축해서 재산도 '20억'까지 모아보자는 것이었습니다.

모름지기 남자는 군대를 다녀와야 한다는 아버지의 엄명에 따라 공군에 입대했고, 제대 후 복학하여 공부하던 중에 지금의 아내를 만나 사랑에 빠지게 되었습니다. 그리고 이 여자라면 롯데호텔 총지배인이란 내 인생의 멋진 꿈과 함께 할 수 있을 것 같아 결혼을 결심했습니다. 드디어 1987년 8월 어느 뜨거운 여름, 나의 꿈과 계획들을 꼼꼼하게 정리해서 사랑하는 여인에게 정식으로 프러포즈를 했습니다. 그때 했던 프러포즈는 나의 미래와 꿈에 대한 내용이 담긴 "나와 결혼하면"이라는 제목의 프레젠테이션이었습니다.

프레젠테이션의 주요 내용은 나의 꿈이 롯데호텔 총지배인이 되는 것이고, 아이들은 글로벌 인재로 키워내며, 동시에 열심히 노력해서 20억의 재산을 모은다는 것이었습니다. 그 목표들을 하나씩 달성해 갈 것이고, 흔들리거나 중도에 포기하지 않기 위해서 하루하루를 동일한 루틴routine대로 살아가서 반드시 그 꿈을 달성할 것이라고 강조했습니다.

이 프레젠테이션을 듣고 나서 그녀는 많은 고민 끝에 프로포즈를 받아들였고, 비록 가진 것은 없었지만 꿈과 긍정의 힘이 넘쳐흘렀던 필자와 결혼해 주었습니다.

그 후, 목표한 대로 1988년 12월 롯데호텔에 입사했고, 프레젠테이션에 있는 내용대로 열심히 살아온 끝에 2009년 롯데호텔 모스크바에서 부총지배인, 2011년 총지배인 대행을 거쳐 2013년 임원으로 승진을 했고, 드디어 2019년 1월 롯데호텔 서울 총지배인의 꿈을 달성했으며, 2021년에는 12개 해외호텔을 총괄하는 본부장까지 올라갔습니다. 재산도 부부가 노력하여 모은 종자돈을 가지고 저축과 부동산 투자를 통해 당초 목표했던 금액 이상으로 달성했습니다. 아이들 역시 계획했던 대로 글로벌 인재가 되었습니다. 딸은 미국 시카고 미대를 졸업하고 현재 뉴욕에 위치한 세계적인 미디어 기업에서 일하고 있으며, 아들은 KAIST를 졸업해서 현재 네카라쿠배 중 한 곳에서 프로그래머로 일하고 있습니다.

흙수저 출신이자 가난한 대학생이었던 필자가 호텔 총지배인이라는 꿈을 정하고, 구체적인 계획을 세워서 그 계획대로 하루하루를 똑같은 루틴으로 살아오면서 한 번에 하나씩 꿈을 실현해왔던 경험을 토대로 지금 이 책을 쓰고 있습니다. 그동안 '꼰대'라는 말도 많이 들었지만, 총지배인과 임원으로서 호텔의 수많은 젊은 후배들을 대상으로 '꿈의 실현'에 대한 강의를 해왔습니다. 강의를 듣고 많은 후배들이 자신의 꿈과 계획을 정한 후 주도적으로 실현해가는 모습을 보면서 또 다른 감동을 느끼고 있습니다. 그 경험을 토대로 성공한 인생을 위해 부단히 노력하고 있는 젊은 아빠들에게, 필자가 어떻게 해서 행복한 가정을 이뤘고, 목표한 꿈을 달성할 수 있었는지를 소개하고자 합니다. 이 책을 통해 젊은 아빠들이 꿈을 정하고, 인생 설계를 확실히 해서 행복하게 살아가는 모습을 보기를 기대합니다. 마지막으로 꼼꼼하고 깐깐한 성격의 남편과 긴 세월 함께해 준 아름다운 아내에게 감사의 인사를 전합니다.

2023년 5월 조종식

PART
1

꿈을 이루기 위해서 제일 중요한 것은
하루의 루틴을 제대로 잡고 계속 실천하는 것이다.

부부 워크숍 하기

　직업에 따라 다르겠지만 회사원들은 회사에서 하루, 월간, 분기별, 연도별, 심지어 중장기 계획을 기획하고 전략이라는 각종 보고서를 만든다. 또한 연간 계획을 준비할 때가 되면 워크숍을 가게 되고, 거기서 치열한 토론을 통해 모인 아이디어들을 기반으로 전략을 만든다. 그렇게 만든 전략에 따라 회사의 모든 계획이 설정되고 예산과 인력이 투입되며 실행에 옮기게 되고 거기서 얻은 성과물로 평가를 받게 된다.

　하지만 우리는 개인사에 있어서 그런 전략과 계획은 잘 만들지 않는다. 아마도 그런 전략을 만드는 것은 회사에서나 하는 일이지, 가정에서는 필요하지 않다고 생각하는 것 같다.

필자는 호텔에서 임원으로 재직하고 있을 때 결혼을 앞둔 젊은 부하 직원들이 청첩장을 들고 와서 인사를 하거나 주례를 부탁하는 경우가 많았다. 이럴 때면, 비록 꼰대가 간단하게 덕담이나 건네고 말지 무슨 말을 그렇게 오래하느냐는 질타도 있었지만 1시간 정도 '행복한 결혼 생활Mutual Dreaming과 꿈의 전략'이라는 주제로 Clip Chart에 일일이 써가며 강의를 하곤 했었다. 이런 강의를 워낙 많이 하다 보니 나중에는 직원들이 청첩장을 들고 내 방에 들어와 인사를 할 때면 으레 강의가 있을 줄 알고 아예 배우자가 될 사람까지 대동하고 와서 강의를 듣곤 했었다.

필자가 결혼을 통해서 새 출발을 하는 예비부부들에게 공통적으로 물어보는 질문이 있었다. "결혼 후의 삶에 대한 전략은 무엇이냐?"라는 것이다. 이 질문에 대부분은 "결혼 준비하느라 미처 준비하지 못했다."라는 것이었다.

다소 의외의 말일 수 있겠지만 인생에서 가장 중요한 이벤트인 결혼을 하고 소중한 결혼 생활을 시작하는데 왜 아무런 전략, 컨셉, 모토, 계획이 없이 시작하는지 정말 이해가 되지 않았다. 예를 들어, 조그만 커피숍을 시작해도 입지 및 상권분석, 인테리어, 투자금, 예상 매출, 그리고 이익분기점을 계산하여 사업 계획서를 만들고 필요하면 홍보, 광고 활동, 메뉴와 맛의 개발까지 아주 꼼꼼하게 준비하는데 어떻게 결혼 생활을 무계획으로 시작하고 사랑으로만 살아간다? 그건 아니라고 본다. 오히려 부부가 합심해서 살아갈 인생을 통해 어떤 꿈을 이룰 것인지, 그 꿈을 이룰 구체적인 전략과 계획을 만들어 하나씩 성취해 나가야 한다고 생각한다.

또한 아내는 사랑하는 남편이 대표이사이든 임원이든 어떤 꿈을 가지고 있는지 알아야 아내로서 지원을 할 것이고, 남편은 아내가 어떤 꿈을 가지고 있는지 알아야 역시 남편으로서 지원할 수 있는 것 아니겠는가? 동시에 남편과 아내가 공동으로 이루어 나갈 꿈은 무엇인지, 그리고 그 꿈을 이뤄나갈 전략과 실행 계획, 하루하루를 어떤 패턴과 루틴Routine으로 살아갈 것인지를 정해 놓고 20년, 30년, 40년을 그 루틴대로 살고 그 결과를 가지고 후손들에게 우리는 어떤 꿈을 이루었노라고 얘기할 수 있는 것 아니겠는가?

그 꿈을 이루기 위해서 제일 중요한 것은 하루의 루틴을 제대로 잡는 것이라고 생각한다. 결혼 생활 40~50년의 기간도 하루하루가 합쳐져서 이루어지는 것이기 때문에 하루하루를 어떤 방식으로 보낼 것인지 좋은 루틴을 정해서 그대로 살아가면 되는 것이다.

예를 들어 부부가 40년을 건강하게 살기 위해 밥을 먹을 때

30번 이상 씹어 먹을 것을 결정하고 평생 지키면 소화 불량으로 고생을 안 할 것이고, 부부가 손을 잡고 평생 하루 1시간씩 산책하기로 결정하고 평생 그렇게 하면 산책한 만큼 건강해지고 대화도 많아져 부부간의 다툼이 줄어들 수 있는 것이다. 그래서 건강을 지키기 위해서라도 부부가 서로 상의하여 어떤 루틴을 가질 것인지 결정해야 하는 것이다.

부부가 평생 모을 재산도 얼마를 모을 것인지 결정을 해야만, 일단 종자돈이 얼마가 필요한지 알게 되는 것이고 빨리 종자돈을 모아서 주식이든 부동산이든지 투자를 통해서 증식을 할 수 있는 것이다. 또한 그 재산을 증식시키려면 투자를 해야 하니 세상의 돌아가는 것을 남들보다 더 유심히 지켜보고 연구하는 습관을 가질 수 있는 것이다.

그래서 필자는 예비부부들에게 공통적으로 "먼저 부부만의 인생 워크숍을 해보라"고 말한다. 그 워크숍을 통해 남편의 꿈, 아내의 꿈, 그리고 공동으로 노력을 해서 이룰 꿈, 태어날 아이들의 미래, 가정의 행복을 위해 해서는 안 될 것, 꼭 해야 할 것들, 그리고 조심해야 할 말 등 구체적으로 정하라는 것이다. 즉 부부만의 워크숍을 실시하고, 결정된 인생 중장기 전략 및 계획을 구체적으로 실행하기 위한 Daily Routine을 만들고 나서 결혼생활을 시작하라는 것이다.

02

건강하고 똑똑한 아이 갖기

아이는 인생의 선택일 수 있다는 요즘 MZ세대의 생각을 존중한다. 본 칼럼은 이러한 힘든 상황에서도 아이를 낳겠다고 결심한 젊은 세대를 위한 필자의 조언이다.

일반적으로 부부는 임신 테스트를 하거나 산부인과에 가서 검진을 하고 나서 아기가 생긴 것을 알게 된다. 그리고 새로운 생명이 찾아왔다고 기뻐하며 건강하고 똑똑한 아기가 태어나기를 바라면서 태교를 시작한다. 이어서 온 집안이 태교를 위해 말과 행동이 조심해지고 임신한 아내 위주로 가정생활이 개편되고, 아이가 태어나면 가정생활은 아이를 건강하게 키우기 위한 환경으로 다시 변하게 된다.

이 세상에 아이가 생기고 태어나는 것만큼 신기하고 오묘한 것은 없는 것 같다. 특히 착하고 똑똑하고 예쁜 아이를 갖는 방법은 과학적으로도 증명되지 않은 신의 영역이라고 볼 수 있다. 그래서 대부분의 부부는 아이를 갖기 전에 힘을 합쳐 무엇을 준비하고 어떻게 노력해야 하는지 모르고 있으며 그저 아이가 생기기를 바랄 뿐이다.

그래서 필자가 생각한 것은 부부가 몸과 마음을 다잡고 모든 정성을 다해서 착하고 똑똑하고 예쁜 아이 갖기 프로젝트를 실행해 보자라는 것이었다. 우리 부부는 먼저 아이를 갖기도 전에 아이들의 이름을 먼저 정했다. 아기가 딸인지 아들인지도 모르고 생기지도 않은 아이들 이름을 어떻게 먼저 정하냐고 궁금해 할 수 있겠지만 우리는 그렇게 했었다. 아이들이 태어나 이 세상에서 어떤 가치와 직업을 가지고 살아갈 것인지 의미를 부여해서 거기에 맞는 이름을 먼저 정해 놓은 후에 착하고, 멋지고, 건강하고, 똑똑한 아이들을 낳게 해 달라고 기도하고 간구했었다. 그리고 아이들이 태어날 시기로 가장 좋은 계절을 선택했는데 큰 아이는 가을, 둘째 아이는 봄으로 결정했었다.

그리고 아기가 태어날 그 시기로부터 1년 전부터 3개월간 우리 부부는 금욕 생활을 하면서 건강한 몸을 만들기 위해 같이 운동했고 어떠한 보약이나 약도 먹지 않았다. 오로지 아내가 정성을 들여 만들어 준 깨끗한 음식만을 먹었고, 회사에 가서는 구내식당에서 제공하는 한식만을 먹었다.

정신적으로도 건강할 수 있도록 좋은 책만 읽고, 클래식 음악, 행복한 영화만을 듣고 봤으며 부부 사이에도 예쁘고 공손하며 긍정적인 말만 골라서 대화했으며, 길을 가더라도 더럽고, 지저분하고, 사나운 것들은 눈으로 보는 것도 피하며 지냈다. 그리고 그렇게 3개월을 인내하면서 건강하고 똑똑한 아이를 갖게 해 달라고 간절히 기도했었다. 동시에 아이들이 우리 부부가 갖고 있는 DNA 중 좋은 점만을 닮아 태어날 수 있도록 하기 위해 우리 부부 각자가 가지고 있는 장단점을 일일이 적어 놓고 짜증내는 것, 욱하고 성질내는 것 등 부부의 단점들은 준비 기간 3개월간 절대 나타내지 않도록 많은 노력을 했었다.

그렇게 준비가 완료되었을 때 아내가 지금이 그 때라고 할 때 우리는 합방을 했었고, 3개월간 금욕을 했던 탓인지 모르겠지만 거짓말처럼 임신이 되었다. 우리는 그렇게 찾아온 아기가 바로 우리 부부가 지난 3개월간 기도하고 간구했던 바로 그 아기라고 생각하고 세상을 아름답게 만들 귀한 인재로 인식하여 정성을 다해 태교를 했었다.

주변에 일류 대학을 나오고 신체도 건강하며 정말 남부럽지 않는 집안의 부부인데 아이가 아프게 태어난 경우를 보면 생명의 탄생 앞에서 인간이 만들고 쌓아왔던 모든 지식과 Technology도 아무 쓸모없다는 것을 느끼게 된다. 그래서 우리 부부는 아이를 갖기 위해 몸을 만드는 3개월 동안 각종 유해하다고 판단되는 환경에서 벗어나기 위해 그 어떠한 약도 먹지 않았고 생화학적으로 증명되지 않는 음식은 아예 섭취하지 않았었다. 만약에 실수로 먹더라도 3개월의 기간 안에 모두 몸 밖으로 배출이 될 수 있도록 하여 아이가 아프게 태어날 경우를 방지하도록 했었다.

　　조선 시대 명문대가에서는 혼인 날짜만큼은 신부의 몸 상태를 보고 신부 댁에서 정하는 것이 예법이라고 했다. 그렇게 혼인날이 정해지면 건강한 아기가 생길 수 있도록 신부는 몸과 마음을 정하게 하고 음식을 함부로 먹지 않으며 더럽고, 나쁘고, 흉한 것을 멀리하고 보기 좋고, 예쁜 것만 가까이하고 극히 정성을 다해 혼인 준비를 한다고 했다. 비록 옛날 방식이지만 진정 건강한 아기를 갖기 원한다면 반드시 이렇게 정제되고 간절한 마음으로 준비하고 비로소 준비가 완료되었을 때 경건하게 합방을 해야 한다고 생각한다.

　　이것이 필자에 청첩장을 들고 찾아오는 우리 회사의 젊은 직원들에게 강조해서 말해주는 강의의 핵심 내용 중 하나이기도 했었다.

신혼부부들에게 꼭 해주는 말이 하나 더 있다. 가임 기간 중에는 부부가 싸웠거나 어느 한쪽이 심하게 흥분했거나 술을 많이 먹었거나, 스트레스를 많이 받았을 때는 남자는 어떻게 해서든 절제할 것을 명심하고 아내도 스스로 남편을 피하라는 것이다. 아무리 남편이 아내에게 관심을 갖는다 한들 여자 본인보다는 가임 기간을 제대로 알 가능성이 적기 때문에 현명한 아내가 피해야 한다. 아무래도 그런 상태에서 부부관계를 갖는다면 부부가 가지고 있는 DNA가 어떻게 합쳐질지 모르는 일이기 때문이다.

그만큼 결혼 생활에서 가장 중요한 것이 건강한 아이를 갖는 것인데 이것을 운에 맡길 수는 없다고 생각한다. 그래서 최소한 3개월만큼은 노력하고 꼼꼼하게 준비해야만 똑똑하고 건강한 아이를 가질 수 있다고 생각한다. 부부가 하나 되어 간절한 마음으로 준비하고 노력해서 맞이하는 아기가 바로 축복받은 아이가 되는 것이고 부부가 열심히 노력해서 만든 DNA가 합쳐져서 생긴 아이가 바로 이 세상을 이롭게 바꿀 미래의 인재가 되는 것이다.

훌륭한 인성이
먼저다

주변의 지인들 중에는 학교에서 늘 문제를 일으키는 자녀를 두어 골치 아파하는 사람들이 꽤 많다. 심지어 친구들을 때리는 등 너무 폭력적이어서 더 힘들어 하는 부모들도 있다. 아이들은 부모의 거울이라고 했다. 이 경우 이 아이가 누구를 닮았는지 모르겠다고 남 탓만 할 것이 아니라 전적으로 부모 자신의 잘못이라고 생각해야 한다.

아이들은 처음부터 나쁜 아이로 태어나는 경우는 없으며 아이들이 잘못되는 것은 십중팔구 부모에게 그렇게 배운 것이다. 오히려 부모가 아이의 인성교육에 신경 쓰지 않고 너무 경쟁 위주로 돈과 공부만을 강조해 온 것은 아닌지 되돌아봐야 한다.

아이들을 키우는 데에는 부모의 마음가짐부터 달라져야 한다. 아이들 앞에서는 말도 가려서 해야 하고 신중하게 행동해야 하는 것이고 부모가 아이들에게 신경 써서 가르쳐야 하는 것은 감사하는 마음이라고 생각한다. 예를 들어 아빠가 먼저 밥을 정성스럽게 차려 준 아내에게 고맙다고 말하고 자기가 먹은 밥그릇은 설거지통에 집어넣으면서 "맛있게 먹었습니다." 라고 얘기해야만 아이들이 아빠의 행동을 보고 똑같이 따라 배우는 것이다. 예의는 말로 하는 것이 아니라 행동으로 부모가 먼저 보여줘야만 하는 것이고 그래야만 아이는 착하고 올바르게 성장해 가는 것이다.

세상에는 고마워하는 마음과 감사의 말 한마디가 바꿀 수 있는 것이 매우 많다는 것을 알아야 한다. 식당에서 얼굴이 굳어 있는 종업원에게도 "정말 맛있게 먹었습니다. 감사합니다."라고 말하면 그 종업원도 환하게 웃으며 "감사합니다. 또 오십시오."라고 응대하는 것을 쉽게 볼 수 있다.

일제시대에 소련군이 제2차 대전 막바지에 참전을 선언하고 북간도에 진군했을 때의 일이다. 소련군이 한국 사람들을 한 줄로 세워 놓고 총살형을 막 실시하려고 할 때, 포로들 중 한 명이 소련어로 "Пожалуйста 빠잘스타, Please"라고 외쳤다. 그 말을 들은 소련군 장교는 총살을 중지시키고 그 말을 한 포로만 빼내어 살려주었다는 일화가 있다. 과거 필자가 러시아어를 배울 때 강사님이 해준 얘기였는데 말 한마디가 자기의 목숨을 살리고 인생을 바꿀 수 있다는 뜻이다.

부모가 아이들에게 아무 생각 없이 던지는 말과 의미 없이 한 행동들이 아이에게 미치는 영향은 지대하고 아이의 인격 형성에 큰 영향을 미칠 수 있다고 생각하고 조심해야 한다. 그만큼 부모는 아이들 앞에서 항상 말과 행동을 올바르게 해야 하는 것이다. 아이가 자라나서 아무리 능력과 실력이 출중해도 인성이 잘못되면 자기의 능력을 엉뚱하게 사용하는 사례는 수많은 뉴스에서 확인할 수 있다. 결국은 공부 잘하고 영악한 것보다 올바른 인성이 진정한 실력인 것이다.

아이들의
Talent 찾기

흔히 아이들 인생의 변곡점은 크게 3개 정도가 있다고 한다. 첫째 대학입학, 둘째 직장취업, 셋째 결혼이다. 그중 대학 선택은 아이의 미래 직업과 생활에 밀접한 관계가 있기 때문에 매우 중요하다는 점은 그 누구도 부인하지 못할 것이다. 그런데 어떤 집을 보면 아이가 대학을 갈 때까지도 아이에게 어떠한 Talent가 있는지도 모르고 대학 전공도 수능 점수에 맞추어 정하는 경우가 있다. 또한 아이가 어렵게 들어간 대학에서도 적성에 맞지 않아 도중에 학교를 자퇴하고 수능을 다시 보기도 하고 중간에 전공을 바꾸는 경우도 비일비재하다.

훌륭한 부모들은 아이들이 가지고 있는 Talent가 무엇인지 궁금해하고 아이들이 무엇을 좋아하고 싫어하는지를 간파하여 어렸을 때부터 전문 학원에 보내어 어떤 재능이 있는지 자세히 관찰하고 필요한 경우 어려서부터 조기 교육을 시키게 된다.

필자는 아이가 스스로 먼저 자기가 무엇을 좋아하고 잘하는지 스스로 깨닫게 된다고 믿는 쪽이다. 실제로 우리 아이들도 그랬다. 필자는 아이들에게 어려서부터 엄마 아빠가 어떻게 노력하고 준비해서 네가 태어났는지 알려주었고 얼마나 소중한 존재인지 말해 주었을 뿐 아니라 아이들도 성장하여 초등학교에 들어가면서부터는 자기가 좋아하고 잘하는 것이 무엇인지 스스로 끊임없이 찾아보라고 얘기해 왔었다. 그렇게 해서 우리 아이들은 스스로 자기의 Talent를 찾아내어 첫째 아이는 11살에 자기 꿈을 미술가로 스스로 정했고, 둘째 아이는 13살에 과학자로 정했었다.

그렇게 우리 부부는 아이들이 스스로 정한 자기의 진로로 나아갈 수 있도록 지원을 시작했었다. 큰 아이는 유명 미대 교수를 섭외하여 정말 미술 쪽에 재능이 있는지 테스트를 통해 다시 한번 진로의 적절성을 확인 받아 본격적으로 미술전문 학원에 보내 조기 교육을 시작해서 예원예중, 서울예고로 진학을 시켰고 결국 미국의 시카고 미대로 진학을 하게 되었다.

둘째 아이는 과학고등학교 입학을 목표로 수학학원에 보내기 시작하여 6년간 수학 과외를 시켜서 국제수학 경시대회에 나가 단체전, 개인전 우승까지 했고 결국 KAIST에 입학했었다.

사실 부부의 성격, 문과·이과적 두뇌, 신체적인 특징, 운동 능력 등 장단점을 분석하다 보면 잘하고 못하는 점은 쉽게 알 수 있다. 부부가 건강하고 똑똑한 아이들을 낳기 위해 노력하고 양쪽 집안의 가장 좋은 DNA가 아이들에게 잘 전달되기를 기도하고 간구했었던 부부라면 그렇게 진심을 다해 태어난 아이가 정말 부부가 생각한 그런 DNA를 가지고 태어났을까 하는 궁금증이 아주 크게 된다. 그래서 아주 자연스럽게 아이가 자라는 동안 과연 어떤 Talent를 가지고 있는지 항상 관찰하고 살피게 된다. 또한 아이가 말을 알아들을 때부터 너는 귀한 존재이고 세상에 도움이 될 인재라고 말해주어 자존감을 높여주게 마련이다. 또한 소중한 아이 앞에서는 부부가 절대로 싸우지 않고 항상 조심하여 말하고 행동하며 정말로 소중하게 키우고, 아이가 좋은 습관을 갖도록 하는 것에 초점을 맞추게 된다.

우리 부부가 바로 이런 케이스였다. 우리 부부 모두 운동과는 아예 거리가 먼 사람들이라 처음부터 운동 쪽은 배제를 하고 아이들이 어떤 공부에 Talent가 있는지 확인하기 위해 우선 아이가 항상 책을 읽고 공부하는 습관을 만들어 주는 프로젝트를 시행했었다.

과감하게 거실에서 소파와 TV를 아예 없애 버렸고 아이들이 책을 읽을 커다란 테이블과 책꽂이를 만들어 주고 책 한권을 다 읽으면 그 책을 놓는 아이들만의 책꽂이 공간을 만들어 주었다. 책을 한권 다 읽으면 책꽂이에 책을 꽂게 하고 그 책을 읽고 소감이 어떤지 반드시 물어봐 아이들 스스로 소감을 얘기하는 습관을 갖게 했다. 그렇게 읽은 책이 한 권, 두 권, 세 권 책꽂이에 늘어나게 됨과 동시에 아이들은 어느 사이에 책을 가까이하게 되었고 더 자라나서 아이들이 본격적으로 공부할 때에는 부모가 채근하지 않아도 스스로 공부하게 되었다. 아이들의 공부는 책을 읽는 환경과 습관에서 시작한다는 점을 명심해야 한다.

필자는 세상에서 가장 못난 부모는 "아이는 스스로 알아서 행동하게 키워야 한다"고 말하고 그렇게 방치하는 사람이라고 생각한다. 필자가 모스크바로 주재원 발령이 났을 때 우리 부부는 모스크바 국제학교로 전학을 할 아이들이 제대로 영어수업을 따라갈 수 있도록 학기가 끝나자마자 영어학원 종일반으로 보내 영어 공부를 하게 했고, 집에서는 못하는 영어이지만 부모도 같이 영어로 대화하는 등 같이 노력했었다. 특히 예고 1학년에 다니던 큰 아이는 아예 국제학교 출신 영어 과외선생을 찾아 고액을 지불하면서 하루 8시간씩 영어 수업을 시켰다.

그 당시 아이들 전학을 위해 내가 이렇게 준비하고 있다는 것을 같이 발령받은 직원들에게 공유해 줬는데 그 직원들은 "그렇게까지 해서 우리 아이에게 영어 공부를 시키고 싶지 않습니다." "국제학교에 가면 공부만 시키는 한국보다 환경도 더 좋을 것이니 아이들 스스로 적응하도록 놔둘 예정입니다."라고 말했었다. 나중에 그 직원들은 내 의견을 듣지 않은 것을 크게 후회하게 되었다. 우리 아이들은 미리 영어 공부를 해 둔 탓에 국제학교에 전학하자마자 치러진 영어 테스트를 통과해서 Main Stream에 들어갔지만, 내 말을 무시했던 직원들의 아이들은 영어로 진행되는 수업을 이해하지도 못하는 수준이라서 정규 수업에도 못 들어가고 영어 공부만 하는 Class로 배정이 되었다. 결국 그 직원들의 아이들은 2년이 지난 후에 겨우 Main Stream에 들어갈 수 있었고, 2년 동안 정규 수업을 듣지 못해 학점을 제대로 받을 수도 없었다. 그 결과 대학에 입학할 때 제출하는 성적 증명서의 낮은 학점과 SAT, TOEFL 등의 낮은 점수로 좋은 대학을 지원하지도 못하게 되었다. 반면에 처음부터 Main Stream에 들어간 우리 아이들은 상대적으로 좋은 학점으로 상위 레벨의 대학을 들어가게 되었다. 그 직원들은 그때의 사소한 판단 미스가 아이들 미래에 커다란 악영향을 미쳤다는 것을 후회했지만 되돌릴 수 없는 일이 되었다.

아이가 스스로 공부하는 습관을 갖게 하려면 부모가 먼저 공부하는 모범을 보여줘야 하는데 여기서 가장 중요한 것이 특히 아빠가 공부하는 모습을 보여 주는 것이라고 생각한다. 또한 아이가 스스로 자기의 꿈을 정하게 하려면 어려서부터 아빠의 꿈이 무엇인지 알려주고 그 꿈을 이루기 위해서 어떻게 노력하고 있는지 행동으로 보여줘야 한다. 부모가 정해 준 아이의 꿈은 현실이 될 확률이 적다. 아이의 꿈은 아이 스스로 결정해야만 그 꿈이 이루어질 확률이 높은 것이다.

딸아이는 미술가를 꿈으로 정했지만 또 다른 Talent도 있었다. 딸이 고등학교 다닐 때의 일인데 아내가 딸 방에 들어갈 때마다 뭔가 컴퓨터로 치고 있다가 숨기는 등 의심쩍은 일들이 반복되었다. 아내는 하루 날을 잡고 "도대체 뭐냐?" "뭘 숨기는 거냐?"라고 야단을 치고 추궁을 하니 딸이 고백하기를 "소설을 쓰고 있었다."라는 것이었다.

아내와 필자는 속이 뒤집어져 버렸다. 그렇게 미술가를 키우기 위해 부모가 노력을 하고 있었는데 무슨 소설을 쓰고 있는 것인지 도무지 딸의 심정이 이해가 되질 않았다. "도대체 그 소설을 어떻게 할 생각인데?"라고 재차 물어보니 나중에 웹소설의 기반이 되는 한 플랫폼에 소설을 연재하고 있었고, 구독자들이 자꾸 후속 연재물을 업로딩 해달라고 해서 짬짬이 시간을 내서 올리고 있다는 것이었다. 그래서 "그럼 올린 소설을 한번 보여줘라."라고 해서 들어가 보니 구독자가 5,000명이나 되고 꽤 인기가 있는 연재물이었던 것이었다. 또한 읽어보니 꽤나 재미있는 연재물이었다. 할 수 없이 "그럼 공부에 방해가 안 되는 선에서 올려봐라."라고 정식 허락을 했고 딸은 고3이 될 즈음 소설 연재를 마칠 수 있었다. 그러던 차에 한국의 모 출판사에서 딸에게 정식으로 책으로 출판하고 싶다고 연락을 해 와서 고등학교도 졸업하기 전에 정식 소설가가 되었다. 어떻게 보면 웃기는 얘기인지 모르지만 딸의 Talent는 미술이 아니라 작가 쪽이 더 빠르고 유망한지도 모를 일이었다. 하여간 딸은 미대로 진학해서 미술가가 되었지만 동시에 소설도 계속 쓰더니 소설 4권, 에세이 1권을 출판한 젊은 작가도 되었다.

하여간 결혼 생활에서 제일 중요한 것은 가족의 건강과 아이들의 교육이라고 할 수 있다. 부모에게는 아이들이 건강하고 똑똑하며 자기 인생을 스스로 개척해 나가는 것을 지켜보는 것만큼 더 행복한 일이 없을 것이다.

부부가 아이를 갖기 전부터 꼼꼼하게 준비하고 간절하게 노력해서 낳은 아이가 더욱 건강한 몸을 가지고 태어나게 마련이고 동시에 더 뛰어난 두뇌와 따뜻한 인성을 가지고 태어나는 법이다. 또한 아이가 사랑과 존중을 받고 자라나야 성장해서 따뜻한 어른이 되는 것이다. 그리고 무엇보다도 아이가 가지고 있는 Talent가 무엇인지 파악하고 이를 살려서 훌륭한 사람이 될 수 있도록 먼저 아이가 스스로 미래의 꿈을 정하게 하는 것이 중요하다. 그 꿈을 향해서 스스로 공부하고 노력을 하는 습관을 어려서부터 갖게 하는 것 또한 중요하니 부모는 아이의 습관이 올바르게 형성이 될 수 있도록 더욱 더 노력하고 지도해야만 하는 것이다.

결론은 아이의 건강과 밝은 미래는 부모가 어떤 생각을 가지고 준비했고 노력했는가에 달려 있음을 반드시 인지해야 한다.

5분 Speech 하기

　모스크바에서 주재원을 할 때 일이다. 한국에서 딸은 고등학교 1학년, 아들은 중학교 1학년을 다니다 모스크바 국제학교로 전학해서 영어로 수업을 받게 되었는데, 아이들이 국제학교에서 받은 문화 충격은 상상 이상으로 컸었다. 선생님들은 모두 영국인, 미국인, 캐나다인이었고, 주변 학생들도 미국, 유럽, 아시아, 러시아인들이었기 때문에 영어로 수업 받고 외국 아이들과 친구가 되는 과정에서 받았던 스트레스는 무척 컸었다. 그중 가장 어려워했던 것은 영어로 수업 받고, 숙제하고, 대화하는 것이었다.

　그래서 아이디어를 낸 것이 5분 영어 스피치였다. 일단 회의 분위기를 만들기 위해 서울에서 했던 것처럼 거실에 TV와 소파를 없애고 회의용 테이블과 의자를 설치했다. 또 교포신문 중고마켓에 올라온 대형 한국식 칠판을 구해 설치했다. 그리고 필자가 5분 스피치 진행 방식을 정해서 5분 스피치의 분위기, 발표자세, 말투, 눈의 초점, 관객의 반응 확인 등에 대해 구체적으로 알려줬다.

아이들은 자유 주제로 인터넷에 올라온 내용이나 교과서에 있는 내용 등을 자유롭게 5분 분량의 영어 스피치 내용을 프린트해서 가족 수에 따라 Hand Out한 상태에서 발표하게 했고, 발표 중에 프린트물은 보지 못하게 했다. 아이들 한 명당 5분 발표 후 30~40분 영어 토론을 한 번에 약 1시간 정도 실시했고, 딸이 미국 유학을 갈 때까지 약 3년간 지속했었다. 우리 가족은 이 5분 스피치를 중간에 가족 여행이나 한국 방문 등의 이벤트가 있지 않는 한 하루도 빠지지 않았고 필자가 출장 가는 날에도 아내 주관으로 진행했다.

돌이켜 보면, 이 5분 스피치를 통해 우리 가족은 정말 많은 대화를 했던 것 같다. 영어로 토론하는 것이라서 처음에는 의사소통에 당연히 어려움이 많았다. 서로가 못 알아들을 때는 간간이 한국말을 할 수밖에 없었고, 때로는 서로 깔깔대며 웃기도 하고 아이들 간에 말싸움, 엄마와 딸과의 말다툼이 일어나기도 했다. 하지만 그 다음날 다시 5분 스피치를 하면서 화해하는 식으로 모두 해결되었다.

아이들의 5분 스피치 주제도 일상적인 내용은 불과 몇 개월 만에 소진되었고 각종 사회적 이슈에서 각자의 관심 분야에 이르기까지 엄청난 분량의 내용을 공부하고 발표하게 되었고, 발표한 내용을 토대로 난상토론을 하게 되니 당연하게 아이들의 고민거리, 부모의 고민거리도 모두 공유되고 이해하는 계기도 되었다.

아이들과의 관계 속에 흔하게 겪는다는 사춘기, 중2병, 고3병 등의 갈등이 우리 가족에 아예 없었던 것은 아니었지만 커다란 문제없이 지나간 것도 역시 바로 이 5분 스피치 덕분이었다고 생각한다. 또한 3년간이나 5분 스피치를 지속할 수 있었던 것은 부모의 의지도 필요했지만 아이들의 협조도 있었기 때문에 가능했다. 아마도 부모의 강압에 의해서만 실행했다면 3년이란 긴 세월을 한결같이 5분 스피치를 할 수 없었을 것이다. 5분 스피치는 아이들의 학교생활에도 큰 도움이 됐을 뿐만 아니라, 아이들에게 영어라는 외국어가 원만한 학교생활과 나중에 사회생활에서도 장애물이 되지 않게 되었다.

아이들이 자라서 초등학교에만 진학을 해도 부모의 참견에 아이들은 잘 따라 주지도 않고 말꼬리 잡기 식의 대답을 하는 등 아이들과의 갈등이 한국의 모든 가족들이 겪는 일상이라고 할 수 있다. 게다가 현재의 아이들이 학교에서 또래들과 생활하는 방식은 현재 세계 Top 10의 선진국이 된 대한민국의 경제, 문화, 과학, 교육 등의 환경으로부터 직접적인 영향을 받은 것이라고 볼 수 있다. 반면에 부모들은 70, 80, 90년대의 개발도상국 환경에서 자라며 겪었기 때문에 부모의 경험과 아이들이 가지고 있는 생활방식과 많이 다르다는 점을 인지해야 할 것이다. 그 차이를 먼저 이해하고 배려하는 부모가 되어야 아이들을 교육하고 대화하는데 문제를 줄여 나갈 수 있다고 본다.

필자의 경험에 따르면 아이들과의 갈등을 줄이려면 부모와의 지속적인 대화가 있어야 한다. 이 지속적인 대화를 펼쳐 나가는 여러 방법 중에 5분 스피치 같은 가족 이벤트가 정말 도움이 된다고 생각하고 강력하게 추천하고 싶다.

요즘은 초등학교부터 영어를 배우고 있고 영어가 사회생활에서도 가장 필수적인 것이기 때문에 5분 스피치의 필요성에 이의를 제기할 아이들은 없다고 본다. 하지만 5분 스피치가 좋다고 시작을 해도 중간에 그만두게 되면 이것만큼 큰 낭패는 없다고 본다. 한번 시작된 5분 스피치가 지속되려면 반드시 필요한 것이 하나 있는데 그것은 바로 아빠의 적극적인 참여와 지속하겠다는 강력한 의지이다.

실제로 필자는 회식이 있는 날에는 밤 12시에 한 적도 있고 아무리 술을 마셨어도 샤워를 해서라도 참석했었다. 이 정도의 노력 없이 아이들과의 대화를 늘리고 지속하는 것은 불가능하다는 것을 명심해야 한다.

또한 중요한 과제는 부모의 영어 실력이다. 부모도 같이 영어 대화에 동참해야 하니까 부모도 아이들이 Hand Out한 내용을 정말 열심히 공부해야 하고 동시에 아이들과의 영어 대화가 가능할 정도로 공부해야만 한다.

5분 스피치를 하면서 필자는 여름 여행은 해외 도시 2곳을 간다고 발표하고 아이들이 각자 1개의 도시를 맡아 가이드를 하게 했었다. 예를 들어 딸아이는 파리, 둘째 아들은 로마 담당으로 결정하고 각자 3일간의 스케줄을 스스로 만들고 호텔, 관광, 교통 이동수단도 정하여 영어로 발표하게 했었고 해당 도시에 가서는 아이들이 가이드 역할을 하게 했다. 길거리에서 누군가에게 물어보는 것도, 식당에서 음식을 시키는 것도, 호텔에서 룸서비스를 시키는 것도 모두 아이들이 직접 하게 했다.

아이들이 가보고 싶은 지역으로 직접 여행지를 선정했기 때문에, 아이들이 안 가겠다고 할 가능성도 없었고 5분 스피치를 안 하면 해외여행도 자동 취소가 되는 룰이었기 때문에 아이들은 5분 스피치도 열심히 해야 했고, 여행지에 대해서도 스스로 알아보고 공부해야만 했었다. 여행을 가서는 아이들이 서로 잘 하려는 경쟁이 붙어 여행을 갔다 온 효과는 말로 표현하기 힘들 정도였으며 아이들 기억 속에 오래 남는 이벤트가 되었다.

그래서 꼭 가족이 함께하는 5분 스피치를 해보라고 권장한다. 그 5분 스피치의 결과로 6개월이나 1년에 한번 아이들과 같이 해외여행을 가서 아이들이 영어로 부모를 가이드 하는 역할을 맡겨서 아이들 스스로 자신감을 가질 수 있도록 해보자.

5분 스피치의 최대 강점 중 하나를 꼽으라면 단절되지 않는 아이들과의 대화라는 점이다. 대화가 지속되니 부모와 자식 간의 갈등은 저절로 해결될 수밖에 없다. 5분 스피치 덕분에 우리 아이들은 어디에 가서도 자신의 의견을 발표하는 데는 아무런 두려움도 가지지 않고 당당하게 자신의 의견을 개진하는 능력을 가지게 되었고 덕분에 입사 인터뷰 시에도 전혀 떨지 않았다고 한다.

잔소리보다
직접 보여줘라

　모스크바에서 열심히 공부했던 아이들에게 하나의 인센티브로 딸이 고3, 아들이 고1이 되는 시기에 아이들만 뉴욕에 여행을 보냈던 적이 있다. 주 목적은 딸이 미국 명문 대학인 Cooper Union에 입학 원서를 직접 접수하기 위한 것이었다.

　사실 필자가 아이들에게 입학하라고 제시한 대학이 Cooper Union이었는데, 이 대학은 작지만 등록금이 전부 무료인 탓에 미국에서 공부는 잘하지만 형편이 어려운 아이들이 가장 선호하는 대학이고, 하늘에 별 따기만큼 입학이 어려워 미국에서 공부를 잘하는 학생들이 여기에 떨어지면 하버드나 MIT에 들어간다고 한다. Cooper Union은 미국의 과학자이자 부유한 기업가 Mr. Peter Union이 설립한 대학으로 화가가 꿈인 딸에게 어울리는 미대가 있고, 과학자가 꿈인 아들을 위한 공대도 있어 아이들에게 정말 딱 맞는 대학이라고 생각했었다.

아이들만 뉴욕에 보내는 우리 부부의 의도는 입학 원서 접수도 있었지만 Cooper Union, 콜롬비아, NYU 등의 명문대학을 직접 가보게 하여 아이들이 명문대학에 입학하겠다는 꿈과 의지를 강하게 갖게 하려는 의도가 있었다.

아직 미성년자인 아이들을 부모도 없이 모스크바에서 뉴욕으로 보내는 것은 결코 쉽지 않은 결정이었지만 몇 개월 전부터 아이들 스스로 비행기 예약, 호텔 예약, 공항에서 호텔까지의 이동, 뉴욕에서의 지하철, 택시 이용 등에 대해 구체적으로 알아보게 했고 그 모든 예약도 직접 하게 했으며, 역시 5분 스피치 시간에 프레젠테이션까지 하게 했기 때문에 아이들이 충분히 해낼 수 있다고 판단했다.

그렇게 아이들은 무사히 뉴욕에 도착해서 직접 명문대학도 가보고, 뉴욕이라는 도시에서 관광도 하고 쇼핑도 해보고 무사히 모스크바로 돌아왔었다. 뉴욕을 다녀 온 아이들은 이미 눈빛부터가 달라져 있었고 더욱 열정적으로 공부하는 계기가 되었다. 그 이후 딸은 아쉽게도 Cooper Union에는 떨어졌지만 미국 최고의 미대인 시카고 미대School of Art Institute of Chicago에 합격

하여 유학을 떠났고, 졸업 후 뉴욕에서 미술가로 활동하다가 의사 남편을 만나 결혼을 하고 현재는 미국 뉴욕에 위치한 세계적인 미디어 기업에서 일하고 있다. 둘째는 국제학교에서 IB 43점을 받아 해외 Top10의 대학을 갈 수 있었지만 스스로 한국의 KAIST 컴퓨터공학과를 선택해 지금은 네카라쿠배 중 한 곳에서 프로그래머로 일하고 있다.

아이들이 뉴욕을 직접 가보게 하지 않았다면 아마도 아이들의 운명은 크게 달라졌을 것 같다. 그만큼 아이들에게 직접 보고 느끼게 하는 것만큼 큰 교육은 없다고 생각한다.

07

야단치기 전에
1분 안아주기

    모든 부모에게 가장 큰 바람은 아이들의 원만한 성장일 것이다. 아이들이 학교에 들어가면서부터 아이들은 부모의 직접적인 보살핌을 떠나 학교라는 공간에서 적게는 4시간 많게는 12시간 이상을 보내며 생활하게 된다. 그 시간 동안 아이들은 친구들과 자기들만의 언어와 방식으로 사회생활을 경험하게 된다. 운 좋게 학교생활에 바로 적응을 잘해서 다니는 아이가 있는가 하면, 때론 학교폭력의 피해자가 되기도 하고 가해자가 되기도 한다. 이는 전적으로 집이 아닌 학교에서 벌어진 일이라서 부모가 간섭을 하려고 해도 물리적으로 힘들고 나중에 아이들과 대화를 통해 문제를 해결하려고 해도 부모의 고

정관념, 신세대의 새로운 사고방식이 상호 충돌되어 부모와 자식 관계임에도 불구하고 대화 불가, 상호이해 불가능이 발생하고 다툼이 커지면 때로는 걷잡을 수 없는 수준의 큰 갈등으로 전개되는 경우가 생기기도 한다.

기성세대가 생각하는 수준은 자기들이 자라면서 겪었던 학교생활의 경험치를 기준으로 하는 것으로 아이들이 현재 학교에서 실제로 겪는 갈등이나 고민과는 전적으로 다르다. 당장 아빠는 돈 벌기 바쁘고 엄마도 일하기 바쁘다. 그렇게 바쁘다는 이유로 정말 아이들이 부모의 손길과 도움을 필요로 할 때 부모는 자신들도 모르는 사이에 아이들의 전화도 놓치고 도움을 외치는 아이들의 목소리도 외면해 버렸는지도 모른다.

필자는 이 시대 부모의 역할로 세 가지를 제시한다.

첫째, 부모는 아이들의 환경이 기성세대가 겪었던 것과 다르다는 것을 깊이 이해하는 것에서 출발해야 한다.

둘째, 아이들과의 단절되지 않는 대화가 제일 중요하다. 부모는 아이들에게 잔소리를 할 것이 아니라 아이들의 겪는 생생한 어려움과 괴로움을 듣는 시간이 필요하다. 먼저 한 시간, 두 시간이 걸리더라도 아이들의 말을 중단시키지 말고 끝까지 들어야 한다. 아이들이 말하는 시간만큼은 그 얘기가 아무리 서툴고 이상하더라도 끝까지 얘기하게 놔두고 깊은 공감을 표하며 듣고 어떤 문제가 있었는지 파악해야 한다.

셋째, 아무 말 없이 1분간 안아주기를 하라고 말하고 싶다. 아이들이 진정으로 원하는 것은 부모가 자신들의 문제를 해결해 주는 것이 아니라, 자신들의 고민에 대해 부모가 깊이 공감해주는 것이다. 그런 후에 아이들이 스스로 해결 방법을 찾아가게 해줘야 하는 것이다. 요즘 사회적으로 특히 젊은이들에게 학교폭력이 예민한 주제라는 걸 잘 알고 있다. 하지만 1호에서 9호까지의 학교폭력 처벌 단계 중에 낮은 수준의 피해자라면 가해자 학생이나 부모를 찾아가 따질 것이 아니라, 그 가해자 아이를 1분 안아주고 그간의 사정을 들어보자. 일단 가해 아이가 우리 아이를 끊임없이 괴롭혔고 손찌검까지 했다면 그 아이는 일반적인 보편타당한 수준의 이해력을 갖고 있다고 할 수 없다. 그런 아이들은 타이르거나 꾸짖어도 쉽게 바뀌지 않을 것이기 때문에 차라리 폭행을 한 아이를 1분간 안아주자. 아마도 그 아이는 부모의 깊은 사랑을 받지도 적절한 교육도 받지 못했을지 모르는 일이다. 그런 아이들에게 적대감은 아무 도움이 안 된다고 생각하고 그냥 안아주자. 그래도 변하지 않으면 그때는 어쩔 수 없을 것이겠지만 그 가해 아이도 비난을 기대했다가 뜻하지 않는 따뜻한 부모의 손길을 느끼면 바뀔 것이라고 생각한다.

적극적인 태도가
경쟁력이다

아이를 키우는 부모가 목표로 하는 것은 견실한 성장이고 나중에 사회생활을 할 때 누구보다도 인정받고 성공하는 인생일 것이다. 그런데 그런 목표를 가지고 있는 현재의 부모들이 주로 중점을 두는 것은 아이들의 학업성적, 영어성적, 스펙 등이다. 이것들도 물론 중요하다 하지만 더 중요한 것이 있는데 그것은 사회와 조직에 쉽게 안착할 수 있는 착한 인성을 기반으로 하는 적극적인 태도라는 것이다.

필자의 경험에 따르면 분명히 일류대학을 나왔고 나름 똑똑한 편인데 조직과 상사 그리고 동료를 대하는 태도가 좋지 않은 직원들을 쉽게 발견할 수 있다. 늘 동료들과 비교하여 자기의 일이 많다고, 다른 회사와 비교하여 처우가 좋지 않다고, 회사에 불만이 가득한 직원들이 있다. 이런 직원들은 결국 조직 내에서 자기도 모르는 사이에 도태되어 가는 경우를 많이 보아 왔다.

불만이 많은 직원들이 도태되는 이유는 간단하다. 임원이나 팀장들은 팀 내에서 불협화음을 야기하고 팀 내부에서 불만의 목소리를 만들어 내고 오히려 불만을 규합하는 직원은 과감하게 팀에서 분리를 시켜 버리기 때문이다. 회사에서는 한 번 정도는 기회를 주겠지만 이런 현상이 한두 번만 반복되면 비주류 인력으로 분류해 버리고 비핵심부서로 보내 버린다. 팀과 팀장은 똑똑하고 일을 잘한다 하더라도 태도가 불량한 사람을 결코 원하지 않는다. 팀의 분위기에 어울리고 능동적으로 일을 해나가려고 하는 태도를 가진 직원이 예쁜 것이다.

유명 축구선수 중에 '호나우드'라는 축구 선수는 뛰어난 실력으로 많은 팬을 가지고 있는 위대한 스타이지만 같이 플레이하는 선수들과 어울리지 못하고 자기 위주의 플레이에만 집중한 결과 팀 분위기를 해친다는 이유로 그 어느 유럽 팀도 받아주지 않아 사우디 '알 나스르' 팀으로 이적한 상태이다.

애플의 스티브 잡스 같은 한 명의 위대한 천재가 회사 전체나 나라 전체를 먹여 살릴 수 있다고 한다. 하지만 본인이 남

50

의 얘기를 듣지 않고 독단적으로 자기 위주로 일을 하는 그런 천재라고 하면 조직 내에 회사원으로 일하는 것이 아니라 창업을 했어야 한다고 생각한다. 아무리 천재라 하더라도 어느 회사의 구성원으로 들어왔다면 팀과 회사에 맞추어 일을 해야지 자기 단독으로 회사를 이끌어 갈 수 없는 것이다.

삼성에 입사하면 자기 혈관에 파란 피가 흘러야 하고, LG에 입사하면 붉은 피가 흘러야 하는 것이다. 회사는 그렇게 적응할 줄 아는 직원을 뽑으려고 할 것이다. 삼성의 입장은 간단하다. 파란 피가 아닌 붉은 피가 흐르는 직원은 내보내야 하는 것이다. 자유 의지로 삼성이든 LG든 선택할 수 있지만 자기가 붉은 피를 가지고 있다고 파란 피를 가지고 있는 조직 전체를 붉은 색으로 바꿀 수는 없는 것이다.

그렇다고 아이들을 회사나 상사가 부려먹기 쉬운 고분고분한 사람으로 키우자는 것은 절대 아니다. MZ세대가 사회에 나오고부터 회사라는 조직도 MZ세대와의 원만한 소통을 위해 많이 변화하고 있다. 심지어 팀장들이나 임원들에게 MZ세대와 소통 잘하는 방법까지 교육시키고 있을 정도이다. 하지만 그런 MZ세대에게도 회사에서 성공하려면 그 조직에 적응이라는 것을 해야 살아남을 수 있는 것이다. 어느 조직이든 항상 새로운 일을 시작하기 마련인데 그럴 때마다 긍정적이고 적극적인 태도를 가지고 "제가 해보겠습니다" "저는 이미 준비가 되어 있습니다"라고 말하고 또한 포기하지 않고 해결 방법을 찾아가는 태도를 가진 직원을 필요로 하고 선호한다는 말이다.

이런 사고와 태도는 어느 날 갑자기 생기는 것이 아니며, 아이들이 어려서부터 부모가 보여주는 말과 행동을 보고 배우고 습관이 되어야 비로소 매사에 적극적으로 행동하는 태도가 예쁜 성인으로 성장해 나갈 수 있는 것이다. 결국 아이들의 태도 경쟁력은 부모가 어떤 태도를 보여 주느냐에 달려있는 것이다.

09

아이는 부모의
사소한 실수를 기억한다

아이의 가치관은 부모가 가정에서 어떤 말과 행동을 해왔는지에 따라 형성된다. 아이는 부모가 바라는 대로 자라주지 않을 수도 있고, 부모가 아이들 교육에 온갖 정성을 들였어도 생각대로 되지 않기도 한다. 문제는 성장기에 아이들은 우리가 생각하는 것 이상으로 예민하다는 점인데, 그 시기에 부모가 무심코 내뱉은 사소한 말 한마디에 쉽게 상처받기도 하고, 부모의 행동 하나에도 의기소침해질 수 있다는 점을 알아야 한다.

성장기 아이가 친구들과 관계에서 따돌림을 받아 깊은 상처를 받는 등 어려움에 봉착했을 때, 부모는 무조건 아이의

편에 서서 이해하고 옹호해 주고 즉각적으로 마음의 상처를 치료해 주어야 하는데 바쁘다는 핑계로 이를 놓치는 경우가 허다하다. 만약 부모가 아이의 그런 아픔도 이해하지 못하고 문제를 방치하거나 오히려 "네가 잘못해서, 네가 모자라서 그런 것이다"라는 식의 말을 하게 되면 아이는 더욱 방황하게 되고, 결국 부모와 마음의 벽을 쌓게 된다. 아이에게 부모라는 존재는 아무 쓸데없는 것으로 여기게 되고 대화할 가치조차 없다고 판단하게 되어 버린다는 것이다.

혹시라도 아이가 집에 들어와서도 부모에게 인사도 안하고 자기 방에 들어가 버리는 현상이 지속된다면 이는 위험한 단계라고 봐야 한다. 이 정도 단계까지 갔다면 부모가 아이와 대화를 시도하려고 해도 정작 아이는 부모는 말이 안 통하는 사람이라고 생각하고 마음의 문을 닫아 대화조차 거부하는 상태일 것이다.

필자의 지인 중에 맞벌이를 하는 후배부부가 있는데, 남편은 정부기관에서 잘 나가는 고위공무원으로 일하고 있고, 아내는 호텔에서 능력을 인정받는 여성 간부로서 부부가 서로 바쁘게 일하느라 고등학교 다니는 아이를 제대로 챙기지 않았다고 한다. 그 사이 아이는 학교에서 따돌림을 받고 학교폭력을 당하고 있었고, 몇 번이나 부모에게 자신의 힘들고 어려운 상황에 대해 얘기를 하려고 시도하였었는데 그때마다 부부는 바쁘다는 핑계로 나중에 얘기하자고 했었다고 한다.

결국 학교에서 문제가 크게 터진 다음에 뒤늦게 후배부부는 아이의 아픔을 이해하고 해결해주고자 했는데, 이미 마음의 문까지 닫아버린 아이는 부모와의 대화도 거부하게 되었다는 것이다. 그렇게 학업도 제대로 할 수 없었던 아이는 대학에도 못 들어갔으며 재수를 하고 있는 현재까지도 아이는 대화 자체를 거부하고 있다고 한다. 후배부부는 이러지도 저러지도 못하는 상황이 지속되고 있어서 아내가 회사를 그만두려는 생각까지 하고 있다고 한다.

이렇게 아이가 부모에게 깊은 화anger를 가지고 대화 자체를 거부하고 있는데, 부모가 어떻게 해야 아이가 아픔을 딛고 일어나 올바른 방향으로 다시 도전하게 이끌어 낼 수 있을까? 후배부부는 현재까지도 아이와의 대화를 간절히 기다리고 있다고 한다.

여기서 알아야 할 점은 부모의 무관심과 아무 생각 없이 내뱉은 말 한마디나 행동 하나에서 모든 게 시작됐다는 점이다. 부모와 자식 간에 어떻게 말 한마디, 행동 하나로 인해 아이가 큰 상처를 받을 수 있으며 그게 그렇게 큰 문제가 될 수 있냐고 물을 수 있겠지만, 그런 사소한 것 하나 때문에 아이는

"더 이상 부모는 나에게 피난처가 될 수 없다"는 인식을 가질 수 있고, 성장기의 아이에게는 이것보다 더 큰 충격은 없는 것이다. 이로 인하여 성장기 아이는 부모가 원하는 대로 자라는 것을 거부하게 되고, 부모가 싫어하는 것만 골라서 하게 되는 것이다. 인생에 있어 가장 중요한 성장기에 올바른 길로 가지 못하게 되면 나중에 성인이 되어 아이가 후회를 하고 다시 돌아오려고 해도 이미 시간을 놓쳐버린 아이는 원만한 인생을 기대하기 어려워질 수 있는 것이다.

여기에서 간과해서는 안 되는 것이 있는데, 그것은 아이는 부모의 사소한 실수를 평생 기억하고 원망하지만 부모는 이를 기억하지 못한다는 것이다.

필자도 성장기에 아버지가 진짜 나의 아버지가 아닐 수 있다는 생각이 들 정도로 실망했던 적이 있었다. 필자가 초등학교를 졸업하고 중학교를 진학할 때였다. 아버지는 나를 불러 놓고 "막내야 중학교 가지마라. 중학교를 왜 가려고 하느냐? 안가도 먹고사는데 아무 문제가 없단다. 아버지 봐라 학교 안 다녔어도 이렇게 먹고 살지 않냐? 우리 형편에 비싼 등록금 내야 하는 중학교 들어가지 말고 동네 유리공장에 일자리 마련해 두었으니 거기서 돈이나 벌어 와라."라고 말씀하신 적이 있었다. 당시 14살이었던 나에게 아버지가 이런 말을 했다는 것은 정말 충격이었다. 그때의 서운함과 충격으로 그 후로 아버지와는 단 한 번도 대화를 하지 않았다.

만약에 아이가 부모 얘기를 무시하고 대화를 안 한다고 하면 분명 아이는 무언가 부모로부터 받은 서운함과 충격이 있다고 생각하고 그 상처가 무엇인지 즉시 확인해봐야 한다. 사춘기라고 해서 그냥 넘어갈 일이 아니라는 것이다. 그렇다고 무작정 다그치지는 말고 대화를 끊임없이 시도해야 한다. 아이의 가슴속에 어떤 응어리가 있는지를 먼저 파악하고 그것을 풀어줘야 한다는 것이다.

필자의 부모님도 막내아들 가슴속에 어떤 응어리를 가지고 있는지 전혀 알지 못한 채 돌아가셨다. 결론은 아이가 어려서부터 부모는 정말 조심해서 말과 행동을 해야 하는 것이다. 왜냐하면 아이는 부모의 거울이고 부모가 말하고 보여준 행동들이 쌓여서 아이의 인격과 가치관이 형성되는 것이기 때문이다.

사회 명사와
식사를 하게 하자

아이들은 나이가 들면서 철이 든다고 한다. 하지만 어떤 방향으로 철이 드는지는 미지수다. 아이들 교육은 부모가 아무리 노력해도 아이들 스스로 움직이지 않으면 효과가 별로 없다. 아이들이 스스로 꿈을 갖게 하고 그 꿈을 향해 스스로 공부하고 노력하게 하려면 사회적인 명사와의 식사를 주선하는 것이 참 좋은 방법이라고 생각한다.

필자는 아들이 중학교, 고등학교, 대학교 시절 각각 한 번씩 러시아 주재 대사들이나 사회적으로 성공한 내 친구들에게 부탁을 해서 점심을 먹게 한 적이 있었다. 아이는 아빠가 얘기해 주는 것은 아빠이기 때문에 중요성을 깨닫지 못하는 경향이 있지만 사회적으로 성공한 사람들이 해주는 말은 더 중요하게 들을 수 있다고 생각했다.

그분들에게 아이와의 점심 식사를 해달라는 부탁을 하려면 상당한 수준의 친분관계를 맺어야 한다는 어려움은 있지만, 사회 명사와 식사를 하면서 아이가 깨닫는 것은 상상을 초월할 정도로 크고 효과도 좋다.

아이들이 사회 명사와 대화를 하고 나서 "나도 저런 분처럼 되어야지"라고 생각하는 순간, 아이들은 꿈이라는 것을 갖게 되고 행동이 바뀌고 훌륭한 성인으로 성장해 가게 된다.

11

아이의 요청에 대한 아빠의 반응

2007년 모스크바 주재원으로 발령받았을 때, 필자는 6월 호텔 오프닝팀이 모스크바에 들어가기 전에 국내에서 팀을 구성하고 호텔 프로젝트 컨셉을 짜느라 정신없이 일하고 있었다. 러시아 입국까지는 아직 2개월 정도 남아 있었지만, 9월에 아이들을 국제학교로 전학시키기 위해서는 미리 다닐 학교를 선택하고 전학 등록을 해야 했었다. 구체적인 지식도 없이 학교를 정하다보니, 일단 한국인들이 가장 많이 사는 모스크바 남쪽 지역에 집을 구하기로 결정하고, 근처에 학교를 찾아보다 발견한 곳이 영국 국제학교였다. 하지만 막상 전학을 하고 보니, 말만 국제학교이지 실제는 러시아인이 영국교육부로부터 자격증을 받아 운영하는 곳으로 영어를 가르치는 것 빼고는 한국 학교와 별반 다른 것이 없었다. 게다가 수업 수준은 형편없었고 학교 건물도 기존 초등학교를 국제학교로 개조한 것이어서 제대로 된 운동장도 없을 정도로 국제학교라고 말하기 힘든 수준이었다. 그나마 아이들 둘 다 첫 학기부터 Main Stream으로 들어가 정규수업을 받고 있고, 나름대로 잘 적응을 해서 열심히 공부하고 있는 것에 위안을 삼고 있었다.

나중에 알게 되었지만 미국 대사관과 캐나다 대사관에서 만든 제대로 된 미국 국제학교가 따로 있었다. 삼성전자로부터 무상지원을 받아 지었다는 번듯한 학교 건물, 체육관, 강당, 운동장 등 대단지로 구성되어 영국 국제학교와는 차원이 다른 국제학교였다. 그러던 차에 첫째 딸이 어느 날 미국 국제학교로 전학을 보내달라는 것이었다. 그 이유를 들어보니 고학년에 올라간 뒤 교육의 질이 갑자기 떨어졌다는 것이었다. 경제 수업 시간에 물리 선생님이 들어와 가르치는 등 학교 시스템에 문제가 생긴 것 같았다. 게다가 졸업생 중에 해외 탑클래스 대학에 입학한 사례가 거의 없는 반면, 미국 국제학교는 대학 진학률이 높고 영국이나 미국의 아이비리그까지 많은 학생들이 입학하고 있다는 것이었다. 또 모스크바에 진출해 있는 삼성, LG 같은 대기업과 한국 대사관 직원들의 아이들도 대부분 이 학교를 다니고 있다는 것이었다.

아빠 입장에서 그 말을 듣고 당장 움직이지 않을 수 없었다. 아이에게 세계 톱 10의 대학을 목표로 공부하라고 그렇게 얘기했는데, 미국 국제학교로 전학시켜 달라는 딸의 요구를 그냥 묵살할 수는 없는 노릇이었다. 그래서 전학을 자세히 알아보니 미국, 캐나다 국적의 아이들은 TO와 상관없이 즉시 입학이 가능하지만 다른 국적의 아이들은 TO가 나와야 전학이 가능하고, 워낙 대기자가 많아 신청을 해놓고도 기본 2년은 기다려야 할 정도로 입학이 어려웠다.

일단 미국 국제학교의 입학담당관과 미팅 약속을 잡고 찾아갔다. 미리 상세하게 만든 아이들의 프로필을 보여주고, 아이들의 꿈, 도전하려는 미래 직업, 현재 어떻게 공부하고 있는지 등을 나름대로 적극 설명했다. 하지만 입학담당관의 말은 단호했다. 현재 입학 대기자들이 워낙 많아 한국 국적이라면 적어도 1년 이상은 기다려야 한다는 것이었다.

그래도 지푸라기라도 잡는 심정으로 다시 열성적으로 어필을 했다. 30~40년 후에 현재의 미국 국제학교가 자기 학교 졸업생이라고 학교 정문에 "누구누구를 배출한 학교"라고 크게 붙여놓을 만한 인재가 바로 우리 아이들일 것이다. 그런 미래의 위대한 예술가, 과학자가 될 아이들의 입학을 늦추는 일은 만들지 않았으면 좋겠다고 말이다. 그러나 돌아온 답은 역시나 "기다려라"는 것뿐이었다.

그 후 1주일에 한 번씩 입학담당관에게 현재 아이들이 무엇을 학습하고 있는지, 어떤 성과가 있었는지에 대한 이메일을 보내기 시작했다. 그렇게 3개월간 이메일을 보냈고 그럴 때마다 그 담당관은 나 같이 끈질긴 부모는 처음 본다며 최선을 다하겠다고 회신해 주었다. 그리고 3개월이 지난 즈음 대표님을 모시고 영국 최고의 Chef Gordon Ramzi의 프렌차이즈 식당을 우리 호텔에 유치하는 건으로 런던 출장을 가기 위해 비행기 트랩을 올라가는데, 그 담당관으로부터 전화가 왔다.

"Hi Jason, I have a vacancy for your daughter right now, will you take it?"

전학이 받아들여진 것이었다. 난 당연히 "그렇게 하겠다"고 했다. 당장 다음주 월요일부터 미국 국제학교로 전학을 가야 하는 조건이었는데, 영국 국제학교의 새 학기가 시작된 지 얼마 되지 않아, 혹여나 중도 전학을 용인해주지 않으면 두 군데 모두에 등록금을 이중으로 내야할 판이었다. 그래도 무조건 입학 담당관에게 전학을 보내겠다고 말하고, 영국 국제학교에서 등록금을 안 돌려주더라도 어쩔 수 없다고 생각했다.

그리고 한마디를 더했다. "나에게는 아들도 하나 더 있기 때문에 추가 Vacancy가 필요하다"고. 그러자 담당관은 "형제 중 한 명이 입학을 하면 나머지 형제의 입학은 우선순위가 되기 때문에 금방 기회가 생길 것"이라고 말해주었다.

나중에 담당관으로부터 들은 얘기인데, 입학 담당관을 10년 이상 했지만 나처럼 적극적인 부모는 처음 봤다는 것이다.

그렇게 해서 딸은 지원 3개월 만에 전학을 할 수 있었고, 한 달 정도 있다가 아들도 입학할 수 있었다. 아이들이 더 좋은 환경에서 공부할 수 있게 된 것이다.

딸은 새로운 학교에서 열심히 공부했고 미술반에서 그림도 열심히 그렸다. 딸은 어느새 학교에서 그림 잘 그리는 학생으로 유명해졌고, 학교 선생님들이 미술반 졸업전시회에 전시한 딸의 그림들을 소품은 500불, 100호짜리 큰 것은 3,000불에 사갈 정도로 재능을 인정받았다. 또 아들은 유럽 수학경시대회에 나가 개교 이래 처음으로 개인전, 단체전에서 금메달을 획득하고, 학교가 자랑하는 수학 우수 학생이 되었다.

아이들의 꿈을 지원하는데 아빠의 자세는 남들과는 달라야 한다고 생각한다. 아이들의 꿈을 실현하기 위해서 아빠가 이 정도의 적극성을 보이는 것은 당연한 것이다.

명함 갖고 있는 아내 만들기

대개의 아내들은 아이들이 커가면서 육아를 위해 회사를 그만두고 본인이 쌓아온 사회경력을 과감히 중단한다.

그렇게 사회경력을 단절한 채 아이들을 키우게 되면 무럭무럭 자라나는 모습을 지켜보며 행복감을 느끼게 되고 본인의 단절된 사회경력도, 자기의 몸이 망가지는 것도 전혀 아깝지 않다고 생각한다. 하지만 정신없이 아이들을 챙기고 키우다 보면 여자로서 아름다워지고 싶은 욕망도 적어지고, 한 명의 인간으로서 사회와 단절된 모습에 좌절할 때가 온다. 대개의 경우 아이들이 중학교에 들어갈 즈음 아이들이 학교에 가 있는 동안 아내에게 남는 시간이 생기고 엄마로서 여유도 있게 되는데, 어느 사이 훌쩍 커버린 아이들은 정작 엄마의 손길을 부담스러워하고 말도 잘 듣지 않게 된다.

이런 상태가 되면 여자로서의 존재 가치와 사회인으로서 단절된 삶에 좌절하게 되고 동시에 과거 아이들 육아를 위해 Professional Career를 끝내버린 것을 크게 후회하게 된다. TV에 나오는 명망 있는 Career Woman을 보거나 심지어 지나가는 멋진 여자들만 봐도 자신의 현실과 비교하게 되고 사회적으로 뒤쳐져 있다는 생각에 울컥해 버리기도 한다. 또한 그때가 바로 남편도 사회에서 직장에서 팀장을 하거나 빠르면 임원 생활을 시작할 시기가 되어 밤낮으로 일하느라 정신없는 생활이 반복되기 때문에 남편과의 대화도 소원해지는 시기이기도 하다. 그래서 필자는 후배부부에게 꼭 해주는 얘기가 있다. 그것은 지금부터 사랑하는 아내에게 투자하라는 것이다. 아이 낳고 키우느라 정신없는 아내에게 1년 치 대학 등록금 수준의 돈을 주고 본인이 틈틈이 배우고 싶은 것이나 관심 있는 자격증 등을 찾아보고 그 돈으로 공부하게 배려해 주는 것이다.

아이들이 커버렸을 때 전문적인 자격증이 있지 않는 한, 이미 나이가 들어버린 아줌마를 뽑아주는 회사도 없을 뿐더러 아줌마가 일할 수 있는 곳은 마트계산원이나 식당보조 같은 아르바이트 밖에 없기 때문에 조그만 가게라도 본인이 직접 공부해서 딴 자격증으로 창업하여 자신 만의 일을 시작할 수 있게 해주는 것이 중요하다는 것이다.

아이들이 고등학교, 대학교에 들어가면 그렇게 할 필요성이 더욱 커지게 될 것이다. 다 커버린 아이들이 볼 때도 집에만 있는 엄마보다 '명함'을 가지고 일을 하는 엄마가 말하는 것에 더 귀 기울이기 마련이고, 그런 당당한 엄마를 자랑스러워 할 것이다. 아내 본인도 그렇게 멋지게 일하고 싶은 욕망이 있기 때문에 스스로 대견하게 느낄 정도로 열심히 일을 할 것이고 그런 아내가 오히려 남편에게도 잘하게 된다.

필자는 아무리 살기가 어려워도 아내의 사회적인 Career가 육아 때문에 중단되는 일이 없도록 남편이 적극 지원해야 한다고 생각하고, 오히려 육아와 전업주부로서 일한 기간도 사회경력으로 인정해 주어야 한다고 주장하는 입장이다.

또한 남편으로서 꼼꼼하게 아내가 육아 이후의 박탈감과 소외감을 갖지 않도록 아이를 낳기 전부터 지원하는 것이 정말 현명한 방법이라고 강조한다. 그 이유는 말할 것도 없이 아내는 세상에서 하나 밖에 없는 내 여자이기 때문이고 내 여자가 행복해야 내가 행복할 수 있는 것이고 동시에 가정도 행복해지기 때문이다.

말로는 아내를
절대 못 이긴다

　요즈음 여성들이 각종 공무원 고시에 1등으로 패스하고 심지어 사관학교 1등 졸업자도 여성들인 경우가 아주 흔하다. 필자도 회사에 신입사원 면접관으로 인터뷰를 하게 되면 말을 똑소리 나게 말하는 것은 여성이지 남성이 아니다. 와튼스쿨의 국제경영학 마우로 기엔 교수가 발표한 내용을 보면 2000년 기준 여성이 전 세계 부의 15%를 차지했지만 2030년이 되면 55%까지 올라간다고 하였다. 즉 앞으로 대세는 여성이라는 말이다.

　원래 인간 사회는 모계 사회가 원류이지 부계 사회가 아니었다고 하지 않는가?

여성들은 8명이 모여도 자기들끼리 동등하게 서로 정말 빠르게 대화를 주고받는데 자기가 말을 하고 있는 중에도 옆 사람이 하는 말을 다 알아듣는데 반해, 남자들은 그렇지 못하고 한 사람씩 돌아가면서 얘기를 해야 알아듣지 서로 동시에 얘기를 하면 전혀 알아듣지 못한다고 한다.

옛날에 부뚜막에서 아이를 업고 밥을 하는 아내는 저 멀리 밭에서 일하는 남편이 괭이질하는 소리만 들어도 남편의 현재 감정이 어떤지 아주 쉽게 구분하고 아이가 우는 소리만 들어도 배고파서 우는지 아파서 우는지 구분을 하지만 반면에 남자는 전혀 구분하지 못할 뿐더러 일도 한 번에 하나씩 밖에 하지 못한다고 한다.

남성이 한 번에 하나의 일에만 몰두하는 이유는 수렵 시대부터 동물을 사냥하기 위해서 집중을 하던 버릇이 있어서 절대 멀티가 안 된다는 것이다. 하지만 여자는 다르다. 남자는 여자 친구와 팔짱을 끼고 걷다가 앞에서 남녀가 가까이 오면 여자만 쳐다보지만 여자는 여자를 먼저 보고 남자를 본다고 하고, 남자는 보통 옷을 입어도 앞만 확인을 하지만 여성은 앞과 뒤, 옆까지 확인을 한다고 한다. 그 정도로 여자는 멀티가 가능한 동물인 것이다.

필자의 아내도 집안 살림을 할 때 보면 한 번에 3개의 일은 동시에 할 수 있는 멀티 능력자이다. 특히 아내는 똑똑하고 기억력도 좋아서 필자가 자신을 서럽게 한 일이라도 있으면 끝까지 기억하고 있다가 자기가 화날 때마다 꺼내서 바가지를 긁는 데는 정말 국가대표급이다. 말싸움에서는 정말 한 번도 이겨 보지 못했다. 아예 아내와 싸워 이길 생각을 하지 않는 것이 건강에도 유익할 뿐더러 가정의 행복에 필수라고 생각한다. 함부로 도전할 상대가 아닌 것이다.

아내가 먼저
행복해야 한다

세계를 정복한 것은 나폴레옹이었지만 그 나폴레옹을 움직이는 것은 '아내'라는 말이 있다. 남자가 사회에서 대통령, 장관, 국회의원 등 나라의 리더일 수도 있고 한 기업의 대표나 임원일 수 있지만, 집에 들어오면 아내에게는 그저 남편일 뿐이다. 그리고 사회에서 남편의 성공은 아내의 내조나 도움이 없으면 불가능하다고 생각한다.

남편과 아내 그리고 아이들로 구성된 가정은 절대 남편 혼자 이끌어 갈 수는 없는 것이고, 가정을 행복하게 만드는 것은 결국 아내의 역할이 가장 크다고 봐야 한다. 같은 논리로 남편의 성공과 행복은 사회에서만 가능한 것이 아니고 가정에서의 행복이 먼저 기반이 되어야 하는데 가정이 행복해지려면 아내가 행복해야만 가능하다는 점이다.

인생의 동반자인 아내를 적극 지원해 줘야 가정의 행복이 가능한 것이고 동시에 남자의 성공도 가능한 것이다. 아내가 행복하려면 남편은 아내의 존재, 헌신, 배려에 감사하는 마음이 우선되어야 한다고 감히 말하고 싶다. 이것이 기본이 되어야 가정이 행복해질 수 있는 것이다.

15

가족의 대화는
산책하기부터

결혼한 지 33년이 되도록 가급적 거르지 않고 하루에 한번 꼭 하려고 하는 것이 있다. 퇴근 후 저녁밥을 먹고 나서 아내와 산책하는 것이다. 회식이 있거나 저녁 약속이 있는 날에도 조금 늦더라도 아내의 손을 잡고 꼭 산책을 한다. 지금은 종로에 살고 있어서 청계천을 걷는데 보통 덕수궁 길을 지나 청계천 입구로 내려가 걷다가 동대문시장 앞에서 돌아온다. 걸음 수로는 대략 16,000보, 시간으로는 2시간 정도 걷다보면 얘기를 정말 많이 하게 된다. 아내는 그날 생겼던 일들, 나는 회사에서 있었던 에피소드 등 다양한 얘기를 주고받는다.

산책은 데이트하던 시절부터 시작했다. 그때는 어디 들어가서 근사한 저녁을 먹을 돈이 없어서 걸은 것도 있지만, 마침 아내도 걷는 것을 무척 좋아했다. 결혼하고 아이가 태어났을 때에는 아이를 품에 안고 걸었다. 아이가 둘일 때도 한 명은 안고 또 한 명은 유모차에 태우고 걸었다. 아이들이 자라서는 서로 손을 잡고 걸었다. 그래서 자연스럽게 아이들과의 대화도 시작되었다. 심지어 겨울이 7개월이나 되는 모스크바에서도 6년 동안 눈이 쌓인 아파트 내의 주차장을 1시간 동안 걸었다. 치안이 좋지 않아 아파트 내에서 산책을 한 것이다.

부부가 산책을 하면 좋은 점은 대화를 많이 한다는 것이다. 덕분에 우리 부부에게도 하루 한 시간의 대화 시간이 자연스럽게 형성되었고, 그 산책 시간을 통해 아이들 교육과 진로, 돈 문제, 집 장만, 나의 승진, 우리 꿈의 진척 상황, 회사 내외의 갈등, 상사와의 문제, 처가, 본가의 각종 이벤트 등을 서로 얘기하는 시간이 되었고, 대부분의 중요한 사안은 산책을 하면서 결정되었고 동시에 부부간의 갈등도 해결되었다.

산책하기를 통해 우리 부부에게 대화 단절은 생기지 않았다. 산책 중에 서로 싸워서 따로따로 집에 돌아오는 경우도 있었지만, 다음 날이면 또 산책을 나가 바로 화해했다. 그래서 부부 문제로 나에게 상의해오는 후배들에게 항상 당장의 문제 해결 방법을 제시하기보다 부부 산책하기를 권장해 왔다.

부부에게 대화는 당연한 것인데, 사실 집에서 아이들이 앞에 있는데 따로 부부끼리 대화를 한다는 것은 정말 쉽지 않다. 그냥 하루하루 살아갈 뿐이지 부부가 특별한 주제가 있지 않는 한 대화를 길게 하는 경우는 거의 없다. 그저 TV를 보거나 아이들을 돌보다보면 부부 간의 대화는 항상 뒷전이기 마련이다. 그래서 대화 부족으로 많은 갈등을 겪는 부부에게 산책보다 더 좋은 것은 없다고 본다. 같이 걷다보면 자연스럽게 대화를 하게 되고, 손이라도 잡고 걸으면 데이트하는 분위기가 된다. 걷다가 예쁜 카페라도 있으면 맛있는 커피 한잔은 덤이고 축복이 된다.

산책은 무엇보다도 아내가 좋아한다. 더 많이 얘기하는 쪽도 아내이지 남편이 아니다. 1시간 동안 신나게 아내가 떠들게 해주면 저절로 엔도르핀이 생성되고 자기도 모르게 행복해지는 것이다. 또한 하루에 1시간을 걷다보면 다이어트도 되고 부부가 건강해진다. 이 산책을 30년 하다보면 노년이 더욱 건강해지는 것이다. 중요한 것은 어쩌다 한 번이 아니라, 매일 꾸준하게 산책을 해야 부부 공동의 습관이 되어 앞서 언급한 효과들을 볼 수 있다는 점이다. 산책만 열심히 해도 부부 문제, 아이들과의 갈등 같은 문제는 어지간해서 생기지 않는다.

책은 집에서 읽자

좋은 습관과 반복이 성공으로 가는 지름길이다.

EPL 토트넘에서 뛰고 있는 손흥민 선수의 아버지인 손웅정 감독의 저서 「모든 것은 기본에서 시작한다」를 읽어 보면, 축구선수 아들을 제대로 키우려고 갖은 노력을 다했다는 것을 느낄 수 있다. 그는 책에서 "네가 행복하게 볼을 차면 그걸로 됐다", "매 순간 행복하면 된 것이다"라고 기술하고 있다. 2021/2022 시즌 EPL 득점왕이 된 아들에게 아직도 끊임없이 강조하는 것은 "선수로서의 기본기, 선수로서의 사람 됨됨이, 상대에 대한 리스펙트, 그리고 행복"이라고 한다. 또 "공을 잘 차는 것이 목표가 아니라 행복하게 공을 차는 것"이라고 한다.

손흥민 선수가 세계 최고의 리그에서 성공하고, 겸손한 인성까지 겸비할 수 있었던 데는 아버지 손웅정 씨가 아들에게 이제까지 가르치고 보여 준 일관된 겸손함, 끝없는 노력, 철저한 기본기가 뒷받침 되었다고 생각한다.

자기 자식을 훌륭하게 키워내고 싶은 생각은 만국 공통이고, 모든 아버지들의 꿈일 것이다. 손웅정 감독의 책을 보고 느낀 것은 아버지의 본보기, 기본에 대한 반복, 열정을 다해 노력하는 습관인 것 같다.

자식이 성공하는 인생을 살게 하고 싶다면 자식이 평생 동안 몸에 지니고 살아야 하는 좋은 습관Routine과 그 습관을 반복하는 것을 물려줘야 한다. 결국 인생의 성공은 오늘 하루와 다가올 내일 모두 같은 Routine으로 반복하는 습관에 달려 있는 것이다. 자식이 건강하고 공부도 잘해서 좋은 학교를 나와 자신만의 꿈을 가지고 하나하나 성취하면서 행복하게 살아가게 하려면 그 반복의 습관은 아버지가 만들어 줘야 하는 것이다. 책을 가까이하는 아이로 키우려면 "책을 읽으라"는 잔소리보다 직접 책 읽는 모습을 보여주는 것이 더욱 효과적일 것이다.

본인이 머리도 안 좋고 공부도 못했다면 같은 DNA를 물려

받은 자식이 공부를 잘 할 가능성은 많이 떨어진다. 하지만 인생의 성공은 성적순이 아니고 얼마나 노력했느냐에 달려 있는 것이므로 끝없는 노력이 가능하게 하려면 노력하는 것이 습관화되어야 하는 것이고, 그 노력하는 좋은 습관은 부모, 특히 아버지로부터 시작된다.

그래서 책은 집에서 아이들 앞에서 읽어야 한다고 생각한다. 논어에 본립도생本立道生이라는 사자성어가 있다. '기본이 서야 나아갈 수 있다'는 말인데, 한두 번 보여주는 식이 아니라 아이들이 습관화될 때까지 반복해야 하는 것이다. 그게 아버지의 역할이다.

아빠의 자리

언젠가 가까운 지인 집에 놀러가서 깜짝 놀란 적이 있었다.

손님인 나를 앞에 두고 아버지와 아이들이 격의 없이 대화하는 것을 봤는데, 아버지는 아이들에게 너무 큰 목소리로 다그치듯 얘기를 하고 아이들은 그런 아버지에게 반말을 하고, 중간중간 말을 끊기도 하고, 때론 비꼬기도 하는 모습을 보면서 같은 아버지로서 정말 민망했다. 내가 보기에는 아이들이 정말 아버지에 대한 존경심도 예의도 없는 것 같았다.

이런 식의 대화를 아무 문제의식 없이 오랫동안 해왔을 것 같은데, 자기를 낳아주고 키워준 부모에게 할 도리는 절대 아니라고 생각되었다. 아마도 아이들이 아버지가 말씀하시는 도

중에 말을 끊고 자기 의견을 얘기하거나 심지어 비꼬는 등의 행위를 거리낌 없이 한다는 것은 아이들도 아버지에게 똑같이 당해왔었기 때문에 그렇게 된 것이라고 생각되었다.

옛말에 강의 하류에 문제가 있으면 먼저 상류를 살펴보라고 했다. 누구나 말썽을 피우는 아이가 있으면 "네 부모가 누구냐?"고 물어보게 된다. 왜냐하면 아이들의 잘못된 점은 대부분 부모의 말과 행동이 원인인 경우가 많기 때문이다.

그래서 아버지라는 자리는 아이들이 보고 따라 하기 쉽게 항상 좋은 자리에 있어야 한다고 생각한다. 가족이 식사를 하더라도 아버지의 자리는 가장 좋은 자리에, 밥그릇과 숟가락 젓가락은 가장 좋은 것으로 정해져 있어야 하며, 가장인 아버지가 전하는 말씀을 진중하게 듣게끔 해야만 아이들에게 좋은 습관이 생기게 되는 것이다.

아이들 앞에서는 부부 간에도 말을 조심해서 해야 하고 밥상머리에서는 더욱 그렇다. 물론 무조건 권위적인 아빠가 되라는 것은 절대 아니다. 가볍고 격의 없는 대화에서도 아빠의 의견이 존중받는 가정이 되어야만 아이들이 올바르게 자라나고 예의 바른 성인으로 자랄 수 있는 것이다. 필자도 아이들과 격의 없는 즐거운 대화를 많이 하는 편이지만 최소한 내가 얘기를 할 때는 아이들이 주의 깊게 경청을 한다.

내가 사랑하는 여자
힘들게 하지 마라

    가정생활을 하다 보면 집안에서 아내의 사소한 잔소리부터 시작된 아이들과의 말다툼이 많이 일어나게 된다. 아이들이 어릴 때는 엄마가 최고로 중요한 존재이기 때문에 엄마의 말을 무조건 따르게 되지만, 아이들이 조금씩 성장하고 머리가 커지면 엄마 말을 잔소리로 알아듣고 짜증을 내기도 한다. 나도 이제 다 컸으니 알아서 하겠다는 주장과 엄마의 입장에서 못마땅한 부분이 충돌되어 다툼이 생기고, 심한 경우에는 아이들이 방문을 닫아버리고 나오지도 않아 가족 간에 대화가 단절되기도 한다.

    이 경우 아내는 남편에게 도움을 청하게 되는데, 지혜롭지 못한 남편은 나름 이성적으로 판단한다고 아이들과 아내의 잘못을 평가하여 어느 쪽이 더 잘못했다고 말하게 되는데 이는 정말 현명하지 못한 일이다. 이런 경우에는 잘잘못을 따지지 말고 무조건 아내 편을 들어야 한다. 그래야 집안에 평화가 찾아오기 때문이다.

엄마와 아이들 간의 다툼은 아들이냐 딸이냐에 따라서도 차이가 있다. 엄마와 딸은 대부분 말다툼이 쉽게 끝나는 경우가 많다. 둘 다 여자라서 그런지 마음이 금방 변하고 여기서는 아빠가 할 일도 별로 없다. 하지만 엄마와 아들은 상황이 좀 다르다. 정체성 자체가 달라서인지 모르겠지만 엄마가 성장기 아들의 심정을 제대로 이해하지 못해 의외로 말다툼이 커지는 경우가 많다. 이때는 아빠가 나서야 하는데, 그 자리에서 야단을 치기보다는 일단 아들 방으로 가서 왜 그랬냐고 물어보고 아들이 하는 얘기를 무조건 끝까지 들어야 한다. 중간에 말을 끊고 잔소리를 하면 절대 안 된다.

그렇게 다 들은 후에 아들에게 한마디를 한다. "엄마는 여자이고 너는 남자다." "여자는 소중하게 다루어야 하는데 너는 엄마를 소중하게 대하지 않는 것 같다." "엄마는 죽어도 엄마다." "엄마의 말을 거스를 수는 없는 법이다." 이렇게 얘기를 해줘야 한다. 그리고 마지막으로 "너에게는 엄마이지만 아빠에게는 내가 사랑하는 여자다." "아들이라고 내가 사랑하는 여자에게 함부로 하는 것은 남자인 아빠가 용서할 수 없다." "앞으로 엄마 힘들게 하지 마라." "나가서 엄마에게 사과 드려라."라고 말한다. 그러면 대개의 경우 아들은 엄마에게 가서 정식으로 사과를 하게 된다.

필자의 경험으로는 이런 말이 가장 효과적인 것 같다. 그래서 아내와 아들이 말다툼을 할 때마다 계속 하고 있다. 무슨 말을 했기에 아들이 갑자기 바뀌었냐고 아무리 아내가 물어봐도 절대로 얘기해주지 않지만 나중에 자연스럽게 아내도 알게 되고 남편을 존중하게 되는 것이다. 그렇게 말을 해야 아들도 엄마를 함부로 못하게 되고, 나중에 아들이 성인이 되어 사랑하는 여자가 생기더라도 여자를 함부로 대하지 않게 되는 것이다.

아빠의 공부

회사생활을 돌아보니, 치열한 경쟁 속에서 결국 자신을 지켜주고 발전시켜주는 것은 공부 밖에 없었던 것 같다.

대학원에 가서 공부를 하고 이왕이면 박사 학위까지 취득하면 금상첨화겠지만 회사에 다니면서 쉬운 일은 아니다. 필자도 과장 시절 대학원에 등록까지 했지만 시도 때도 없이 불러대는 부장님 때문에 일주일 만에 그만 둔 경험이 있다. 당시 부장님은 위로 올라가는 모든 보고서 작성을 나에게 일임하셨기 때문에 매일 밤늦게까지 일을 해야 했다. 그런 상황에서 대학원 진학은 정말 무리였고 솔직히 부장님에게 말도 못 꺼냈다. 퇴직을 하고 나니, 그때 대학원 공부를 중단했던 것이 가장 후회가 됐다.

사회에서 성장하려면 우선 현재 위치에서 인정받아야 하는데 그러려면 공부를 해야 한다. 담당 부서의 업무는 아무리 정통해도 외부 사회는 정말 빠르게 돌아가고 헤아릴 수 없이 많은 정보가 쏟아지기 때문에 사회에서 도태되지 않고 성장하는 '힘 있는 아빠'가 되려면 더욱 공부를 해야 한다. 모두들 공부할 시간이 없다고 한다. 회사에서 퇴근하면 피곤해서 아이와 놀아줄 시간도 없는데 어떻게 공부까지 하냐고 반문도 한다. 그래도 공부는 반드시 해야 한다.

마음만 먹으면 공부할 시간은 충분히 마련할 수 있다고 생각하지만 개인의 상황에 따라 얼마나 규칙적인 시간을 마련할 수 있느냐가 관건인데, 필자가 추천하고 싶은 시간대는 새벽 시간이다. 아침 6시에 일어나면 대략 2시간 정도는 공부할 수 있다.

필자의 딸을 예로 들면, 뉴욕의 스타트업에서 일하다가 좀 더 나은 조건의 기업에 입사하기 위해 코딩 공부를 해야 했는데, 도저히 시간이 나질 않아 6시에 일어나 2시간씩 공부를 시작했고, 스스로에게 약속을 지키기 위해 유튜브를 개설해서 자신이 공부하는 모습을 생중계 했다. 반드시 공부할 수밖에 없도록 스스로를 관리한 것인데, 나중에 들어보니 의외로 딸의 유튜브에 들어와서 같이 공부하는 친구들이 많이 있었다고 한다. 그 사람들과 서로 격려하면서 공부를 공유했다고 하니 딸이 대견하기도 했고, 그 시간에 이렇게 공부하는 젊은 이들이 많다는 것에 필자도 기분이 좋았었다. 딸이 말하길, 6시 전에 일어나서 공부하기는 처음 일주일이 힘들지, 일주일만 잘 버티면 자연스럽게 습관이 되어 아주 편해진다고 한다.

만약 이렇게 1년을 공부한다면 웬만한 건 모두 할 수 있을 것이고, 5년 10년을 지속한다면 어떤 자격증도, 박사 학위도 딸 수 있을 것이다. 아빠가 그렇게 공부를 한다면 그런 모습을 지켜본 아이들도 자연스럽게 공부하는 아빠를 따라 공부하는 아이들로 변해가는 것이다. 공부도 습관이 되면 편한 것이다.

ROI 개념을
가르치자

　사랑하는 자녀를 부자로 만들어 주는 방법은 여러 가지가 있을 수 있는데, 중요한 것은 유태인들처럼 자녀에게 경제관념을 가르쳐주고 돈을 절약하는 습관을 들이는 것에서부터 시작해야 한다. 어려서부터 정해진 용돈만 주고 그 용돈 내에서 살아가는 방법을 터득하게 하고, 모자라도 그 이상은 주지 말아야 한다. 아이들 이름으로 통장을 만들어주고 세뱃돈 같은 이벤트성 용돈도 전부 저축하게 하여 그 금액이 늘어나는 것을 직접 느끼게 해주는 것이 중요하다.

　이런 식으로 아이에게 경제관념을 깨우치게 하는 것만큼 좋은 것은 없다고 보며, 그러한 좋은 습관이 한번 쌓이면 인생 전체가 긍정적으로 바뀌게 된다.

필자는 아이들이 대학에 입학할 때까지 용돈은 스스로 관리하도록 했고, 대학에 들어간 후에는 아예 용돈도 주지 않았다. 아이들은 과외나 아르바이트로 용돈을 직접 벌어서 썼다. 미국 유학을 간 딸에게도, 대전 KAIST에서 공부하던 둘째 아들에게도 학비와 기숙사 비용 외에는 일체 지원을 하지 않았다. 딸이 나중에 결혼을 하기 위해 한국에 왔을 때 시카고 유학 시절, 뉴욕에서의 가난한 예술가 활동 시절을 떠올리며 직접 돈을 벌어서 먹고사는 것이 너무 힘들었다고 울먹였을 정도였으나, 어쨌든 아이들에게 경제관념 하나는 확실하게 교육시켰다고 자부한다.

아이들에게 필자가 가장 많이 한 말은 ROI_{Return of Investment} 개념이었고, 아이들에게 지원했던 학비와 기숙사 비용도 부모의 투자라고 설명을 해왔고, 심지어 가훈까지도 '밥값을 하자'로 정해서 ROI 개념을 강조했을 정도였다.

회사원으로서 아빠도 회사에서 받은 월급으로 생활을 하는 만큼 그에 대한 ROI를 확실하게 회사에게 되돌려 줘야 그 관계가 유지되는 것이고, 이 세상에 절대 공짜는 없다는 것을 일깨워 주었다. 세상의 모든 일은 ROI 개념으로 임해야 한다고 강조했고, 세상에서 가장 ROI가 적고 때로는 마이너스를 기록하는 것이 "부모가 자녀 키우기"라고 가르쳐 왔었다. 부모 관계는 내리사랑이고 엄마 아빠도 부모님으로부터 사랑과 지원을 받아 이렇게 커왔기 때문에 우리가 받은 만큼 자식에게 물려줘야 하는 것이 바로 그 사랑이라고 했다. 그 사랑의 일환으로 확실히 물려줘야 하는 것 중에 하나가 바로 경제관념이고 돈을 꼼꼼하게 저축하고 관리하는 습관인 것이다.

필자는 자식들에게 성장해오는 동안 초·중·고등학교, 대학교 각 단계별로 교육을 시키기 위해 부모가 투자한 것을 금액으로 환산해 항상 얘기해줬고, 두 자식에게 동등한 교육과 투자를 약속했었다. 두 자식 중 한 명에서 너무 치우친 투자를 하면 나머지 한쪽이 불만을 가질 수 있기 때문에 미국 유학을 했던 딸에게 지원된 금액이 국내에서 공부한 둘째 아들에게 투입한 금액보다 훨씬 많았던 부분은 그 차이만큼 아들이 결혼 후 집을 마련할 때 지원하겠다고 선언을 했었다.

자식들에게 부모가 너희들을 위해 얼마나 고생했는지 알기는 아냐? 라는 식의 불투명하고 관념적인 얘기보다는 확실하게 금액으로 투입된 총액을 말해 주는 것이 더 효과적이라고 본다. 그래야 아이들은 부모에 대한 감사함이 더 커진다고 생각한다. 어차피 자본주의 시대를 살고 있는 우리들이다.

필자의 자식들은 이미 경제적으로 자립했고, 부모에게 매월 용돈을 지급하고 있다. 이 용돈이 그동안 부모가 자신들에게 투자한 금액에 대한 ROI 차원의 Return이라고 생각하는지 모르겠다. 분명 남들하고는 조금 다른 사고방식이라고 할 수 있지만 요즘의 영악한 세대의 아이들에게 ROI 개념을 가르치는 것보다 더 효과적인 것은 없는 것 같다. 나중에 우리 부부가 더 늙어서 아이들로부터 "아빠는 우리에게 해준 게 뭐 있어요?"라는 말을 들을 일은 절대 없을 것 같다.

어차피 아이들이 자라서 독립을 하게 되면 아무것도 가르치거나 간섭할 수도 없다. 아이들이 자라서 부모의 도움 없이 스스로 자기의 행복과 꿈의 실현을 위해 결정하고 살아가는 적극적인 인생을 살게 하고 싶고, 또한 경제적으로 안정되게 사는 것을 보고 싶다면 아이들이 어릴 때부터 치밀하고 엄격한 잣대로 경제 교육을 시켜야 한다. 어른의 삶은 아이들을 낳고 키우는 모든 과정이 아이들과의 이별을 준비하는 것들이라고 생각한다. 아이들이 이 사회에 건강하고 당당하며 경제적으로 안정된 사회인으로 살아가는 모습을 지켜보며 눈을 감을 수 있어야 한다고 생각한다. 이를 위해서 특히 아빠가 중심이 되어 전략적인 사고와 뚜렷한 철학을 가지고 아이들을 대하고 교육시켜야 하는 것이다. 왜냐하면 아이들이 행복한 인생을 살아가는 것만큼 더 중요한 것은 없기 때문이다.

아이들의 빈자리를
채울 준비

필자는 어린 시절 주변 환경이 좋지 않았던 난지도 근처에 살았기 때문에 대학에 들어간 후 빨리 집을 나올 생각을 갖고 있었다. 어머니에게 막말을 일삼는 아버지에 대한 원망도 컸고, 주변 이웃들 간의 잦은 싸움, 난지도 매립장의 쓰레기 냄새와 먼지, 여름이면 파리 떼로 창문도 제대로 열지 못하는 환경, 겨울에는 마당 수돗가에서 찬물로 머리를 감아야 했고, 냄새가 심한 화장실 등 모든 것이 나를 집에서 빨리 벗어나고 싶게 자극했었다.

지금의 아내를 만나면서 그 결심은 더욱 확고해져 호텔에 입사하자마자 돈을 모아 빨리 결혼을 했던 것이다. 그렇게 26

살에 분가를 했다. 결혼하고 두 아이를 낳고, 정신없이 살다보니 어느 사이에 나도 나이가 들었고 아이들도 성인이 되었다. 성인이 된 아이들도 과거 나처럼 빨리 분가를 하고 싶어 했다. 내가 살아온 환경보다 훨씬 좋은 환경에서 자란 아이들이 왜 이렇게 빨리 분가를 하고 싶어 하는지 생각도 해보고 반대도 했지만, 딸은 미국 유학을 가서 그곳에서 결혼을 했기 때문에 자연스럽게 분가를 하게 됐고, 아들은 28살에 회사 근처에 오피스텔을 스스로 얻어 분가를 했다.

그래서 지금은 아내와 단 둘이 지내고 있는데 아이들의 빈 자리가 생각보다 컸다. 아이들과 같은 공간에서 항상 얘기하고 같이 밥 먹고 사는 것은 정말 삶의 윤활유 같은 것이었는데, 그게 없어지니 아내가 옆에 있어도 쓸쓸함과 공허함이 무척이나 컸다.

필자는 현재 퇴직 후, 사무실을 하나 얻어 매일 출근을 해서 집필과 강의 준비를 하고 있다. 아내도 그동안 하지 못했던 공부를 계속 하면서 아이들이 떠난 공허함을 채우려 노력하면서 살고 있다.

어쩌면 당연한 것이지만 아이들은 언젠가 부모 곁을 떠난다. 가끔 만나고 얼굴도 보겠지만 그 공허함은 쉽게 채워지지 않는다. 그렇다고 부부가 24시간 같이 붙어있기도 힘들고 하루 세끼 같이 먹는 것도 힘들다. 그래서 현재를 살고 있는 젊은 아빠들도 미래 아이들이 떠날 빈자리를 채울 그 무언가를 미리 준비해야 한다고 생각한다.

아이들이 분가할 때는 대부분 퇴직을 할 나이가 될 것인데, 그때 맞이할 삶을 24시간으로 나누어 보면 8시간은 취침, 다른 8시간은 각자의 일거리와 취미생활로 채우고, 남은 8시간은 부부의 공동생활로 정하면 좋겠다. 부부의 공동생활 8시간은 아내의 의견으로 채우면 될 것 같고, 나만의 8시간이 문제인데 이 부분은 지금부터 미리 준비를 하는 것이 바람직하다. 그렇지 않으면 일거리는 둘째 치고 취미생활도 막막할 수 있다.

PART

2

회사에서 임원이
되는 Routine

회사원이든 공무원이든 이왕 사회생활을 하게 되면 승진을 해야 급여가 오르게 마련이고 고액 연봉을 받으려면 필히 임원이 되어야 할 것이다. 또한 최소한 남들과 동일한 시기에 진급을 해야 하는데, 그렇지 못했을 때만큼 속상하고 큰 스트레스도 없을 것이다. 물론 회사에서 승진을 거듭해 최종 임원의 반열에 오르기는 무척 힘든 일이다. 그렇다고 불가능한 일도 아니라는 것을 미리 밝혀 둔다.

자라나는 아이들에게 아빠가 피나는 노력을 해서 임원이 되었다는 것을 보여줘서 "노력을 하면 안 되는 것이 없다"라는 긍정적인 모범을 몸소 보여 주고, 임원이 되기 위한 그 과정들 또한 모두 아이들에게 공유한다면 그것보다 살아있는 교육은 없다고 본다. 이런 교육을 받은 아이들도 성인이 되어서 똑같이 노력을 해서 한 계단씩 올라가 결국에는 임원이 되어 자기의 꿈을 펼치고 최종적으로 성공한 리더로 성장할 수 있기 때문이다.

필자가 임원이 되겠다고 마음을 먹은 여러 이유 중에 하나가 있었는데 아이들에게 성대한 결혼식을 만들어 주려는 꿈이 있었기 때문이기도 하다. 필자가 결혼할 때 부모님은 워낙 가진 게 없었던 분들이어서 나에게 10원도 도와주지 못했고 나도 부모님의 도움을 언감생심 기대할 수도 없었다. 그래서 나는 먼저 '힘 있는 아빠'가 되어 내 아이들에게 아빠의 역할을 제대로 해주고 싶었던 것이다. 나는 부모님의 아무 도움이 없어서 결혼식, 전세자금 등을 혼자 마련했었고 10년간 내 집 마련하느라 정말 힘들었기 때문에 먼저 성공한 아빠가 되어 내 아이들에게는 결혼식만큼은 성대하게 해주자라고 다짐을 했었다.

그렇게 노력해서 딸을 시집보낼 때 성대한 결혼식을 해주었다. 그런 성대한 결혼식을 통해 미국인 사위에게도 장인이 얼마나 힘 있는 사람인지 보여주고 내 딸을 절대 함부로 대하지 못하게 하려는 나의 무언의 시위였던 것이다. 그래서 아빠는 반드시 성공해야만 하는 것이다.

그리고 임원이 되면 사원시절 받았던 대우와 비교할 수 없을 정도로 달라지는 것이 한 둘이 아니다. 군대에서 장군이 되면 바뀌는 것이 100개도 넘는다는 말이 있다. 일단 급여가 대폭 달라져 국내 대기업 기준으로 일반 사원 급여의 5배, 부장 급여의 2배 정도가 되고 PS등의 성과급은 더 많은 차이가 난다. 전용차가 나오고 나만의 독립적인 근무 공간이 있고 전용비서도 생긴다.

이왕 사회생활을 하고 있는 회사원들은 누구나 임원을 꿈꿀 것이다. 필자의 롯데그룹 입사동기 203명 중에 임원이 된 사람은 15명밖에 안 될 만큼 달성하기 힘든 것이 임원이다. 하지만 회사나 사회생활의 성공은 학교에서 좋은 머리로 공부해서 좋은 성적을 받는 것처럼 되는 것이 아니며 누구라도 열심히 노력하면 가능한 것이 임원인 것이다.

그러면 필자는 어떻게 국내 최고의 호텔 총지배인이 되었을까?

결론은 필자가 호텔의 총지배인이 되는 것을 나의 꿈으로 삼았고 열심히 노력했다는 것이다. 그러면 그냥 노력만 해서 호텔의 임원이자 총지배인이 될 수 있었을까? 물론 아니었다. 필자는 외국어나 호텔 경영에 대한 객실, 식음, 조리, 홍보 마케팅, 기획, 영업지원 등 총지배인에게 요구되는 능력과 업무지식을 갖추려고 노력을 정말 많이 했었다. 가능한 해당 부서를 자원하여 업무를 직접 배웠고 또한 나만의 미래 총지배인 리더십을 빌드 업(Build Up)하려고 수많은 상사나 업계의 유명 총지배인의 리더십과 철학 등에 대해 벤치마킹을 했고, 그렇게 해서 총지배인이 되는데 필요한 경력, 자격요건, Quality를 하나하나 구비해 나갔었다. 약 30년간 이런 노력을 한 끝에 롯데호텔서울의 총지배인이 되었고 내 꿈을 실현시켰다.

지금부터는 필자가 어떻게 임원이 되었는지에 대한 경험을 토대로 구체적인 노하우를 전하고자 하는데, 분명 현재의 상황과 맞지 않을 수도 있다는 점을 미리 얘기해 둔다. 이 내용들은 결혼을 앞두고 있거나, 이미 사회생활을 시작한 이들에게, 특히 힘 있는 엄마와 아빠가 되고 행복한 가정을 영위하고 싶어 하는 도전적인 부모들에게 전해주고 싶은 조언인데 대부분 필자가 실제로 평생 해왔던 루틴(Routine)들이다. 꼰대 같은 퇴직 총지배인이 하는 말이라고 무시할 수도 있겠지만 받아들여서 나쁠 것은 없다고 생각한다. 취사선택을 하는 것은 여러분의 몫일 것이다. 마음을 열고 받아줬으면 좋겠다.

반복된 습관의 힘,
Routine

　필자가 정말 중요하게 생각하는 단어는 '습관'이다. 성공한 인생을 살려면 습관만큼 중요한 것은 없으며, 회사에서 임원이 되려면 평생 지속해야 하는 좋은 습관들이 많아야 한다.

　습관을 영어로 번역을 하면 Habit, Custom 등으로 나오는데 필자가 말하는 습관은 하루하루를 똑같은 방식으로 실행해야만 하는 것들이다. 아침 일찍 일어나고, 아이디어를 생각하는 시간을 갖는 것, 받은 명함을 즉시 등록해 놓는 것, 회사에 일찍 출근하는 것, 직속상관의 지시는 최우선 순위에 두고 먼저 처리하는 것, 잠들기 전 하루 일은 꼭 반성하고 적어놓는 것 등과 같은 것을 습관이라고 할 수 있고, 이를 지속하는 것이 바로 Routine이라고 한다. 반복이 되려면 습관이 되어야 하고 습관이 되려면 Routine이 되어야 하는 것이다.

골프를 칠 때도 저마다 Routine이 있을 텐데 자기 몸에 붙어 버릴 정도의 습관이 바로 Routine이다. 10,000번의 기적이라는 말이 있다. 골프 세트는 14개의 채로 구성되는데 싱글 플레이어가 되려면 채 하나 당 무조건 10,000개의 공을 쳐야 한다고 한다. 프로골퍼는 10살 전후에 골프를 시작하여 하루에 5~10시간씩 성년이 될 때까지 골프 연습을 해서 프로가 되는데, 그렇게 해도 투어프로가 못되고 레슨프로로 남는 경우가 많다고 하지 않는가? 그래서 아마추어가 싱글 플레이어가 되려면 엄청난 노력을 해야 가능한 것이다.

같은 논리로 무슨 일을 하던지 그 분야에서 최고의 실력자가 되려면 그 일을 최소 10,000번 이상 반복해야 한다는 것이다. 마찬가지로 자기의 꿈을 실현하려면 어렵게 몸에 익힌 좋은 습관과 Routine을 가지고 10,000번 이상 반복한다는 각오로 임해야 하는 것이다. 남자가 사회생활 하는 약 30년의 기간은 1년 365일이 30번 반복되는 것이니 정확하게 10,950일이 된다. 그래서 남자가 사회에서 성공을 하려면 하루에 한 번씩 10,000일 정도 똑같은 일을 반복할 만큼 노력을 해야 되고 그 반복된 경력과 힘으로 최고가 될 수 있는 것이다.

Role Model
정하기

회사생활을 시작하면 사실 어떻게 회사생활을 멋지고 성공적으로 할 수 있을지 솔직히 잘 모르기 때문에 처음에는 회사가 시키는 대로 선임 사원이 알려주는 대로 무작정 따라가기 시작한다. 다행히도 좋은 방식을 전수받으면 문제가 없겠지만 개중에는 자신만의 노하우라고 소개해 주지만 사실은 꼼수에 불과하고 결코 성공을 향해 정진해 나가는데 전혀 도움이 되지 않는 경우도 있고 비법, Short Cut이라는 명분으로 알려 주었지만 얄팍한 전술에 지나지 않는 것일 수도 있다. 만약 그런 것들만 전수받고 따라 하게 되면 나중에 똑같이 실패자의 길을 들어설 가능성이 크다.

그래서 필자가 권장하는 것은 회사 내외에 사회적으로 성공하여 타의 귀감이 되고 동시에 훌륭한 인품으로 존경받고 있는 몇 분을 선정하여 그들의 장점과 업무방식, 말투, 행동방식, 태도 등을 정리하여 자기의 것으로 만들고 최대한 똑같이 따라 해보라는 것이다.

동시에 회사 내에 평판이 좋지 않은 상사들 몇 명을 선정하여 그들의 나쁜 습관, 말투, 태도 등을 정리해서 이렇게 하면 망하는 지름길로 가는 것이라고 판단하고 절대로 따라하지 않겠다는 다짐과 함께 평생 금지 항목으로 선정하는 것이다.

이렇게 하다 보면 사회와 회사 내에서 '나'라는 사람의 이미지와 정체성이 확립될 것이다. 동시에 본인의 회사생활 속에서 실수한 것들, 성공한 것들이 생기게 되는데 여기서도 취사선택하여 좋은 것만 선택해서 나의 것으로 만든다면 나만의 훌륭한 리더십과 인격을 형성할 수 있게 되는 것이다. 이런 생활을 대략 3년 정도 따라 하다보면 죽을 나이가 돼서도 절대 바뀌지 않는 나만의 Routine이 형성될 것이다.

이 롤 모델을 정말 신중하게 선정하고 똑같이 습관화할 것을 결정하는 것이 자신의 가정과 사회, 그리고 회사 내에서 존경을 받는 인물이 될 수 있는 첫 번째 모멘텀이라고 생각한다.

캐치프레이즈
만들기

'Propaganda'라는 말이 있다. 원래는 1622년 로마 교황청에서 천주교의 포교를 넓히는 신앙의 확인이라는 말에서 유래된 것인데 독일의 히틀러가 자기 통치 방식을 홍보하고 소련연방이 공산주의 체제를 찬양하는 말로 쓰여 오다가 현재는 '선동'이라는 뜻에 가까운 말이 되었다. 자기가 만든 꿈을 향해 노력을 하고 회사에서 임원까지 올라가 보려고 결심을 했다면 자기 노력을 지속하기 위해 자기 나름의 선동 구호성 'Propaganda' 하나 정도는 있어야 한다고 생각한다.

필자는 총지배인 시절 최고의 호텔을 만들기 위해 호텔 경영에는 'Excellence in every detail', 서비스에는 'The Best or

Nothing'이라는 캐치프레이즈를 만들어 배포하고 각 부서와 직원 식당에 붙이고 모든 보고서에도 반드시 적어 넣게 했었다. 또한 집에서는 아이들에게 "공부를 열심히 하고 자기 몫을 제대로 하라"는 의미로 '밥값을 하자'라는 가훈을 만들었으며, 내 자신에게는 '해서 안 되는 것은 없다'라는 캐치프레이즈를 사용했었다.

지인들의 카카오톡 프로필을 보면 현재 자신의 상태를 나타내는 함축성 단어들이 적혀 있다. 주로 행복과 건강에 관련된 단어들이다. '숨 쉴 때마다 행복하자', 'I am because you are' 참으로 다양한 표현들이 많다.

단순히 현재의 심정뿐만이 아니라 자기와 가족 인생 전체를 아우르는 멋진 몇 마디의 Propaganda성 구호들을 정해 놓고 실제로 그 구호대로 30년 지속성을 가지고 살아 보자. 그러면 반드시 성공할 수 있다.

일찍 출근하기

신입사원으로 하루 빨리 조직에 적응하고 지속적으로 노력해서 꼭 이 조직의 임원이 되겠다는 꿈을 가졌다면 권하고 싶은 것이 하나 있다. 바로 '일찍 출근하기'이다.

신입사원들 간의 능력은 대부분 비슷하기 때문에 조직에서 큰 역할을 기대하지 않는다. 당연히 상사들의 눈에 쉽게 띄지도 않게 된다. 하지만 '일찍 출근하기'를 실천하면 임팩트 있게 상사나 주위 사람들에게 자신을 인식시켜 줄 수 있다. 아마도 "이 친구 물건이네"라는 소리를 들을 수 있을 것이다.

요즘 회사에서도 워라벨을 중시하기 때문에 예전처럼 일찍 출근하라고 강요하지는 않지만, 신입사원으로서 긍정적으로 눈도장을 찍고 성실한 인상과 열심히 하는 친구라는 것을 알리기 위해서는 일찍 출근하는 것만큼 좋은 방법도 없다.

필자는 신입사원 시절에 24시간 운영해야 하는 호텔 현장의 스케줄 근무로 시작했기 때문에 매월 출퇴근 시간이 달랐지만, 최소한 2시간 전에는 출근해서 일을 시작했었다. 물론 일찍 출근한 탓에 이전 조와 겹치는 부분이 생겨 근무 라인업에 들어갈 수 없을 때도 있었지만, 이전 조가 바쁠 때에는 긴급하게 투입되어 도와줄 수 있는 상황이 발생하기도 했고, 이전 조에서 발생한 일을 먼저 인수인계 받을 수 있어서 누구보다 먼저 자세한 정보를 들을 수 있었다. 특히 신입사원으로서 습득해야 할 일들을 선배들로부터 빨리 전수받아서 업무도 빨리 몸에 익힐 수 있었다. 일찍 출근하기 하나만으로 성실하고 근면한 이미지를 얻을 수 있었고, 덕분에 상사들의 평가도 좋을 수밖에 없었다. 선배들의 술자리에 먼저 호출을 받는 특혜는 부수적으로 얻을 수 있었고 조기에 직장생활에 빨리 적응할 수 있었다.

이제 막 사회생활을 시작했다면 '일찍 출근하기'를 적극 추천한다. 그것도 이왕이면 같은 층에서 근무하는 직원들 중 가장 먼저 출근하는 사람이 되라고 주문하고 싶다. 일찍 출근을 하면 좋은 점들이 의외로 많다. 회사에서 발생하는 일들, 특히 해외지사나 법인이 있는 경우에는 긴급한 사건사고가 일어나서 급히 본사에 보고하는 일이 발생하는 경우가 많은데, 일찍 출근한 사람이 그런 전화를 가장 먼저 받게 되어 졸지에 해당 내용을 회사 내의 정보망이나 상사에게 가장 먼저 알리는 주인공이 될 수도 있다.

필자의 경우 워낙 일찍 출근을 하다 보니, 새벽 6~7시에 걸려온 미주 지사의 긴급한 전화를 직접 받아 처리해주었던 적이 여러 번 있었다. 그때 회사에 긴급전화를 했던 뉴욕지사장은 회사 내의 관련 부서와 상사들에게 나에 대한 긍정적인 소문을 내주었다. "우리 회사에 괴물이 들어왔다", "무슨 신입사원이 새벽에 전화할 때마다 전화를 받느냐", "이 친구는 혹시 퇴근도 안하는 거 아니야" 같이 말이다. 그래서 언제부턴가 내 별명이 '괴물'이 되어 있었다.

이외에도 일찍 출근해서 업무 공부를 남들보다 2시간 정도 더 할 수 있었기 때문에 누구보다도 빨리 부서 내의 모든 업무를 마스터할 수 있게 되어 부서 내의 정식 멤버로 조기에 인정받을 수 있게 되었다. 또한 업무를 파악한 다음에는 일찍 출근하여 제2외국어를 공부했기 때문에 영어 이외에 일어, 러시아어도 가능해질 수 있었다. 덕분에 2007년 러시아 호텔 프로젝트에 영업총괄팀장으로 주재원 발령을 받게 되는 계기도 되었다.

물론 "일찍 출근하려면 힘든데 그런 짓을 왜 해?"라고 말할 수도 있다. 하지만 아침 일찍 출근하기는 처음 일주일이 힘들지, 그 고비만 잘 넘기면 습관이 되기 때문에 그다음부터는 저절로 아침 일찍 일어나게 된다. 임원이 되기까지는 20년 정도가 걸리는데 긴 호흡을 가지고 일찍 출근하여 공부하는 습관을 가진다면 향후 누구에게도 뒤지지 않는 실력자가 되고 빨리 임원이 될 수 있을 것이다.

아이디어 정리

　회사에서는 어떤 업무를 하더라도 늘 새로운 아이디어를 끊임없이 내야 한다.

　신입사원이 회사생활을 시작하면 팀장이나 임원이 먼저 물어본다. "우리 신입사원 생각은 어떤지 어디 한번 들어보자." 이런 질문을 받는 경우 당사자인 신입사원은 무척 당황할 것이고 사전에 준비가 되어 있지 않다면 별 얘기도 못하고 우물쭈물하기만 했을 것이다.

　회사에서의 업무는 아이디어와의 싸움이라고 할 수 있으며 경쟁업체와의 매출경쟁, 생산성, 품질, 마케팅 등 모두가 새로운 아이디어를 필요로 한다. 따라서 어떤 업무를 하더라도 끊임없이 아이디어 제출을 요구받게 되는데, 잘 보여야 하는 상사와의 회의에서 번뜩이는 아이디어는 정말 필수이다. 사전에 늘 아이디어를 준비하고 있어야 하는 이유다.

그래서 필자가 권장하는 방법은 자기만의 시간과 장소를 정해서 아이디어를 생각해 내는 루틴Routine을 가져보라는 것이다.

인간의 두뇌는 어떤 아이디어를 내볼까 하고 그 문제를 곰곰이 들여다보면 시도 때도 없이 순간적으로 번뜩이는 아이디어가 떠오르게 되는데, 그때마다 아이디어를 따로 적어 놓지 않으면 정말 순식간에 사라지게 된다. 그래서 뭐든지 적어 놓는 습관이 중요하다.

하루하루는 정말 빨리 지나간다. 그런 시간의 연속성에서 아이디어만 고민하는 시간을 정해놓기도 사실 쉽지 않다. 하지만 인간은 습관의 동물이기 때문에 아이디어를 생각해 내는 것을 반복해서 시도한다면 분명 좋은 아이디어가 나오게 마련이다.

필자는 오래 전부터 매일 아침 화장실에 가거나 샤워를 하기 전에 당일 미팅 스케줄을 확인하고 미팅에서 논의할 내용을 생각해보는 습관을 가지고 있었다. 변기 위에 앉아서 또는 샤워를 하면서 생각한다. 그리고 번뜩이는 아이디어가 생각나면 아이디어 노트에 적어 놓고 출근을 하면서 그 아이디어를 기반으로 업그레이드 하고, 사무실에 도착하자마자 한두 장으로 대략적인 효과 분석까지 정리를 해놓고, 이를 아이디어 폴더에 저장해두는 습관이 있었다. 그리고 미팅을 할 때는 참가 인원 수 만큼 프린트를 해서 들어가고, 내 차례가 되면 준비된 리포트를 핸드 아웃하고 발표를 했었다. 신입사원 때부터 해왔던 방식으로 과장, 팀장, 임원이 되어서도 계속 그렇게 했다.

요즘엔 스마트폰에 '노트'라는 어플을 사용하는데, 매일 적어 내려가서 필요할 때마다 열어서 다시 정리를 해놓고 미팅 때에 참석인원들의 카카오톡으로 공유를 하고 토의를 하곤 했었다. 또 책을 읽다 좋은 글귀가 눈에 띄거나, 길을 걸어가다 가도, 차를 타고 가는 와중에도 좋은 아이디어가 떠오르거나 뭔가 영감을 불러일으킬 수 있는 장면이 있으면 늘 노트에 기록하거나 사진을 찍어 놓고 회사로 돌아와서는 항상 정리하는 습관을 가지고 있었다. 이런 습관이 반복되다 보면 어느 사이에 부서에 가장 훌륭한 아이디어 뱅크를 갖고 있는 사람이 되고, 그 아이디어 중에 하나라도 대박을 치면 올해의 사원상은 본인 차지가 되는 것이다.

누구에게나 아이디어는 수없이 생각날 수 있다. 순간 생각나는 아이디어를 따로 메모해 두었다가 정리해 놓는 습관이 여러분을 임원이 되는 길로 안내할 것이다. 그만큼 아이디어는 중요한 것이고 늘 습관적으로 생각해보고 적어 놓고 나중에 정리하고 매번 업그레이드해서 정식 보고서로 만들어 보는 습관을 끝까지 유지하라고 권장한다. 정말 효과 만점의 Daily Routine이 아닐 수 없다.

06

Weak Point를 장점으로 대체하기

사람들은 누구나 단점을 한두 개씩 가지고 있다. 이 단점들로 인해 많은 스트레스와 적잖은 위기를 가지게 되고 심하면 어떤 일을 하든지 의기소침하게 된다. 단점을 극복하는 제일 좋은 방법은 끊임없는 노력을 통해 장점으로 바꿔 버리는 것이다.

필자는 일류대학을 나오지 않았다는 것이 입사할 때부터 Weak Point였고 스트레스였다. 주로 서울대, 연대, 고대를 나온 동료들은 회사 밖에서 따로 만나 어울리고 어려울 때 또는 진급 시즌마다 서로 이끌어주고 밀어주는 눈치였고 옆의 동료가 은연중에 다른 부서의 상사도 잘 안다는 말을 하면 십중팔구 둘은 같은 동문인 경우가 허다했다.

그래서 필자는 피나는 노력을 해서 남보다 더 일찍 출근하고 더 많은 일을 맡으려고 노력했고, 일단 맡은 일은 밤을 새서라도 완성시켜서 그 다음날 아침에 상사가 출근하면 바로 볼 수 있도록 해왔다. 외국어도 남들에게 뒤지지 않으려고 제2외국어로 일어를 선택해서 교재 한권을 통째로 외워 버렸다. 대학시절 연극 동아리를 한 탓에 감정을 넣어서 대본 외우듯 하면 쉽게 외워졌고 그렇게 일본어 교재 한권을 통째로 외워 버리니 그 안에서 웬만한 일본말은 능숙하게 구사할 수 있게 되었고, 나중에 회사 일어 테스트에서 1등을 해서 일본연수까지 다녀오기도 했었다. 이런 필자의 노력 덕분인지 일류대학을 나오지 않았다는 이유로 무시 받는 일은 발생하지 않았다.

또한 필자는 167센티에 55킬로 정도 되는 왜소한 체구의 소유자였지만 아무리 허드렛일이라 하더라도 상사가 일을 시키면 끝까지 포기하지 않고 해내고 말았으며 몸싸움이 아닌 지구력으로는 승부를 내는 일에는 그 누구와 붙어도 절대 지지 않았다.

회사 일은 몸싸움이 아니고 두뇌싸움이고 누가 얼마나 버티어 내느냐가 관건인 것이다.

나의 이미지
Building Up

　필자가 호텔 현장에서 회사 본부로 발령받아 마케팅 과장으로 일할 때였다. 현장에서 나에 대한 이미지는 긍정적으로 설정되어 있었지만, 관리부서 쪽에서는 나를 잘 몰랐고 당연히 내 이미지도 알려지지 않았었다.

　그래서 고안해 낸 나의 이미지 설정 방법은 '손에 서류를 들고 빨리 걷기'였다. 다른 사람들은 손에 아무것도 들지 않고 그냥 걸어 다녔지만, 필자는 무조건 손에 결재서류나 하다못해 종이 몇 장이라도 들고 최대한 빨리 걸었다. 화장실을 갈 때도, 중간에 사장님을 만나는 상황에서도 늘 그렇게 빨리 걸었다.

사람의 심리는 눈으로 보는 현상을 사진처럼 찍어 놓고 자기도 모르게 판단을 하고, 머릿속에 쌓아 놓게 되어 있다. 아마도 사람들은 서류를 손에 쥐고 빨리 걸어 다니는 내 모습을 보고 처음에는 "조 과장은 바쁜 것 같아"라고 판단했을 것이다. 그리고 그렇게 한 번, 두 번 반복해서 내 모습을 보게 되면 "조 과장은 바쁜 것 같아"가 "조 과장은 정말 열심히 일하는 사람이야"로 이미지가 긍정적으로 변화할 것이라고 생각했다.

　또 하나는 전화를 받는 멘트였다. 보통은 "마케팅 조종식입니다"일 것이다. 하지만 필자는 멘트를 조금 바꿔서 "전화 주셔서 감사합니다. 저, 조종식입니다"로 했다. 전화를 받았을 때 나의 특이하고 공손한 멘트가 반복되면 사람들로부터 나의 이미지가 빠른 시간에 긍정적으로 설정될 것으로 판단했기 때문이다. 아니나 다를까 워낙 특이하게 멘트를 하니깐 나와 통화한 사람들은 "멘트가 특이하다", "멘트가 겸손하다" 등의 긍정적인 평가가 이어졌고, 자연스럽게 겸손함이 나의 이미지로 자리 잡게 되었다. 이렇게 사소하지만 좋은 습관 하나가 계속 반복되면 좋은 이미지가 되는 것이다.

　필자의 철학을 한마디로 요약하면 "Excellence in every detail"이다. 필자가 신입사원을 지나 처음으로 호텔 프런트 데스크의 Assistant Manager가 되어 한 개의 조를 책임지고 운영할 때 정해 놓은 철학이다. 이는 '생각→말→실천'으로 이어지는 나의 정신이자 인생의 버팀목 같은 것이었다. Excellence in every detail을 풀어 설명하면, 내가 맡은 모든 일은 정성을 다하고 아무리 작고 하찮은 것이라고 해도 처음부터 끝까지 최고의 품질을 유지한다는 뜻이다. 아무리 힘들고 귀찮고 번거로운 일이라도 정성을 다해 최고의 품질을 지향했고, 총지배인이 되어 1,000명이 넘는 직원을 거느리며 호텔의 전체 경영을 맡았을 때도 역시 호텔의 모토는 Excellence in every detail이었다.

이러한 일관된 철학적 근거가 되는 이 모토는 나의 이미지가 되었고, 나의 브랜드 가치와 동일시되었을 뿐만 아니라 내가 맡은 조직마다 죽은 조직에 생명을 불어넣듯이 활기를 띄게 만들어 주는 비타민 같은 역할을 해주었다. 2010년 모스크바에 호텔을 오픈했을 때에도 이 모토를 정했고, 현재까지도 이 호텔을 경영하는 철학과 정신으로 남아있다.

어항 속의 금붕어

"나는 항상 노출되어 있고, 내가 저지른 비리는 절대로 감춰지지 않는다."

회사에서 우리는 상사나 주변으로부터 항상 평가받고 있다는 것을 인식해야 하는데, 일반적으로 자신의 평가와 상사의 평가는 극명하게 차이가 난다.

어떻게 보면, 죽을 정도로 일을 해야만 상사가 나를 긍정적으로 평가한다는 것이 냉혹하고 비인간적이라고 생각할 수 있지만 현실적으로 그게 조직이고 회사이다. 정말 회사나 상사로부터 평가를 잘 받으려면 뼈를 깎는 고통 속에 일해야만 한다는 것이 냉엄한 조직의 논리라는 것을 인식해야 한다.

자신의 평가

"이정도 일했으면 됐다"

"일하느라 너무 힘들다, 조금 쉬었으면 좋겠다"

"이것까지 하면 정말 죽을 것 같다"

상사의 평가

"있어도 없어도 그만인 직원이다"

"특별히 잘 하진 않지만 써먹을 만하다"

"이 친구 쓸 만하군, 꼭 데려갈 친구야"

　　아마 여러분들도 미래에 승진을 해서 상사가 되면 똑같이 냉혈한 상사가 될 가능성이 크니, 너무 많은 불만을 갖지 않길 바란다. 반대로 내가 저지른 비리는 아무리 숨기고 속이려 해도 회사는 귀신같이 알아내고 나중에는 회사 내에 모르는 사람이 없을 정도로 다 알게 된다. 아무리 작은 비리라도 저지르면 참혹한 평가를 받게 마련인 것이다.

　　그래서 필자는 단연코 확언한다. 회사원이 된다는 것은 작은 어항 속의 금붕어가 되는 것이고, 그 투명한 어항 속에서는 어느 것 하나라도 숨기거나 속일 수 없다는 것이다. 이를 인식하는 것에서부터 회사생활은 시작되어야 한다. 어항 속에서는 아무리 작은 몸짓이라도 적나라하게 보일 것이고 만약

'나'라는 금붕어에게 상처라도 나서 염증이 발생하면 금방 주인의 눈에 발견되고, 다른 금붕어에게 전염을 시킬까봐 즉각 어항에서 꺼내져 쓰레기통에 버려질 것이다. 그래서 조직 내에서는 자신의 정신교육부터 명확하게 하고 높은 윤리의식으로 무장하며 항상 조심하고 경계하여야 한다. 반대로 어항 속에서 '나'라는 금붕어 한 마리가 아무리 좋고 훌륭한 일을 하기 위해 발버둥을 쳐도 어항의 물은 출렁거리지 않을 정도로 미약한 존재일 뿐이다. 다만 내 몸이 어항 속 커다란 물고기로 성장했을 때에만 작은 몸짓으로도 커다란 물결을 만들 수 있는 것이다. 즉 내가 나중에 커다란 일을 도모하기 위해서는 스스로가 먼저 성장해야 하는 것이다. 나의 질적인 성장이 우선인 것이다.

09

절대 화내지 않는다

화를 내는 사람은 조직에 적응하기 힘들다. 결국 설자리는 없어지고 불러주지도 않는다. 화를 내는 리더는 절대 오래가지 못한다. 이 세상에 화를 내는 나를 옹호해 주는 예수님 같은 존재는 없다. 이제까지 쌓아온 인간관계도 화를 내는 순간 무너지고 다시 복구되지 않는다. 집에서도 화를 내면 사랑하는 아내도 멀어지고 대화가 단절되며 아이들은 근처에 오지도 않는다.

필자도 화내지 않는 것은 100% 지키지 못했다. 하지만 절대로 회사나 가정에서 화를 내지 않겠다고 굳게 맹세하고 지키려고 노력했었다.

임원이나 대표가 되어서도 절대 화를 내서는 안 된다. 만약 자기도 모르게 화를 냈다면 상대가 누구든 그 즉시 정중하게 사과하고 다시는 반복하지 말아야 한다.

남편과 아빠로서는 더욱 그렇다. 결혼을 하고 살다보면 아내라는 인간은 나를 화나게 하는 특기가 있는 것처럼 생각될 정도로 잔소리를 정말 많이 한다. 하지만 아내는 원래 그렇다고 인정하고 어떻게 컨트롤할 수 없으니 잔소리 듣기 전에 아내가 원하는 대로 하면 아주 간단하게 해결이 된다. 또한 모든 폭력은 화를 내는 것에서부터 시작된다. 부부 간에 혹은 일상 속에서 벌어지는 폭력은 어느 일방이 화내는 것에서부터 시작되는 것으로 화를 내지 않으면 절대 폭력까지 이어지지 않는다.

필자도 신혼시절 아내의 첫 번째 잔소리에 그만 화를 참지 못해 전화기를 던져 깨버렸는데, 아내는 33년이 지난 지금까지도 그때 일을 얘기하곤 한다. 그때의 아내 심정은 남편을 잘못 만났다는 후회였다고 한다.

필자의 아버지는 화를 너무 잘 내는 분이었다. 아버지가 화를 낼 때 우리 형제들은 영문도 모르고 얻어맞는 경우가 많았다. 필자가 초등학교 5학년 때 화가 머리끝까지 나신 아버지는 나를 때리기 시작하셨는데, 너무 맞아서 집 밖으로 뛰어나가 신작로로 도망을 쳤는데, 아버지는 끝까지 쫓아오셔서 나를 붙잡아 논두렁 거름더미 위로 던져버리고는 집으로 돌아가셨다. 그때는 정말 화내는 아버지가 너무 무서웠는데, 내가 나이 들어 생각해보니 그래도 아버지라서 아들인 내가 다칠까봐 딱딱한 콘크리트 바닥이 아니라 푹신한 거름더미 위에 던지신 것 같았다. 지금도 형들과 얘기를 하면 내가 막내여서 그런지 상대적으로 덜 맞았던 것 같다.

가정에서 아버지가 화를 내기 시작하면 폭력으로 이어질 수도 있고, 사랑하는 아이들에게 씻을 수 없는 깊은 마음의 상처를 줄 수 있다는 것을 꼭 명심해야 한다.

흔히 연예계 가십에 오르내리는 연예인들의 이혼사유는 대부분 성격차이라고 하는데, 부부 간에 성격차이는 모두에게 있을 수 있다. 어느 한쪽의 의견이 나와 맞지 않는다 하더라도 들어주고 그럴 수도 있다고 생각을 해야지, 서로 30년을 다른 가정 문화에서 자란 두 사람이 의견 차이가 발생하는 것은 당연한 것이다. 그 다른 의견에 화를 내는 순간 결혼생활은 파탄의 시작이 되는 것이다. 살아온 환경이 다른 두 사람이 만났으니 서로의 문화를 존중해주고 서로 더 나은 문화를 만들어 가는 것이다. 결혼생활은 어느 한쪽이 화만 내지 않아도 유지될 수 있다. 화를 내면 파탄의 시발점이 되고 화를 참으면 행복의 시발점이 된다는 것을 명심하자.

상사는
군대 사단장 모시듯 하자

　회사에서 상사와의 관계가 친한 선후배 사이처럼 될 수 있다는 생각은 아예 하지 말자. 이 세상에 '친한 상사'는 결코 없다. 또한 정말 존경할만한 상사를 만날 확률도 거의 없다. 나를 인정해주는 상사만 만나도 정말 운 좋은 사람이라고 생각해야 한다. 상사는 어디까지나 상사일 뿐이다. 오히려 피도 눈물도 없는 상사를 만날 확률이 훨씬 높다. 따라서 상사와의 관계는 절대적으로 상하관계가 정답이다. 그래서 직속상관은 군대 사단장처럼 모셔야 한다.

　여러분이 신입사원이라면 직속상관을 중대장 모시듯 하고, 대리나 과장 정도의 직급이라면 연대장 모시듯, 팀장이나 부장 정도는 사단장 모시듯, 여러분이 임원이라면 국방부장관 모시듯 해야 한다. 복명복창이 당연하고 일처리 순서는 항상 직속상관의 지시가 최우선 되어야 한다.

필자가 모스크바 호텔에서 부총지배인으로 일할 때의 얘기다. 당시 나보다 5살 어린 스웨덴 국적의 총지배인과 같이 일했는데 본사에서 사장님 일행이 오시기로 되어 있었다. 사장님이 방문하시니 당연히 긴장을 하고 환영 및 보고 준비에 바쁜 일과를 보내고 있었는데, 어느 날 총지배인이 나를 불러서 사장님이 다닐 루트를 확인하자고 해서 호텔 내외를 같이 점검하게 되었다. 그런데 그때 갑자기 총지배인이 호텔 외부 길가에 있는 작은 쓰레기는 물론 심지어 돌멩이까지 일일이 줍는 것이었다. 당황한 나는 그걸 왜 줍느냐고 물었더니 총지배인이 하는 말이 "사장님이 다닐 루트는 완벽하게 깨끗해야 한다"는 것이었다. 마치 군대에서 사단장이 방문한다고 하면 정말 돌멩이 하나까지도 싹 다 청소하는 것과 다를 바 없었다. 즉시 나는 하우스키핑 팀장과 시설팀장을 불러 마치 푸틴 대통령이 오는 것처럼 깨끗하게 청소하고 페인트칠도 다시 하라고 지시했다. 러시아 직원들조차도 "푸틴 대통령이 오더라도 이렇게까지는 하지 않는다"는 말이 나올 정도로 정말 완벽한 청소를 지시했다.

필자는 그날 저녁 총지배인에게 원래부터 이렇게 했었냐고 물어봤다. 그러자 총지배인은 "나를 평가하는 고과권자 아니냐? 다른 호텔에서 근무할 때도 이렇게 했다"는 것이다. 정말 꼼꼼하기 그지없었다. 이렇게까지 했으니 저 나이에 총지배인이 되었구나 생각이 들었다.

상사는 여러분이 힘들게 노력해서 얻은 성과를 바탕으로 승진하는 것이고, 상사가 승진을 해야 여러분도 진급할 수 있는 것이다. 상사와 부하는 철저한 공생관계이다. 따라서 상사를 잘 보필하고 열정을 다해 일을 해서 그 성과로 인해 상사가 승진을 하면 그 상사는 죽어도 당신을 버리지 않는다. 상사가 승진해서 옮겨가는 부서마다 또는 이직하는 회사마다 당신을 데려가려고 할 것이다. 상사의 성공가도가 결국 여러분이 성공하는 지름길이다.

필자가 회사생활을 할 때 직접 모신 상사는 대부분 나의 실적으로 승진을 했었다. 이런 보이지 않는 나의 뒷받침으로 인해 과장 시절부터 많은 팀장들은 나를 자기 부서로 서로 데려가려고 했었다. 만약 인사 시즌이 되었는데 자신을 데려가려는 상사가 없다면 그건 분명 당신이 일을 잘하고 있지 못하다는 것이고, 직속상관이 승진을 못하고 계속해서 승진이 누락되고 있는 경우에도 당신이 일을 잘하고 있지 않다는 것이다.

2002년 월드컵 4강 신화를 두고 많은 사람들이 히딩크 감독의 전략과 헌신 덕분이라고 말하지만 필자는 생각이 좀 다르다. 히딩크 감독도 물론 잘 했지만 열정을 다해 경기한 선수들과 위대한 조력자 박항서 코치가 있었기에 가능했다고 생각한다. 월드컵이 끝나고 감독이 된 박항서 감독은 히딩크 감독을 통해 리더십과 전략, 전술, 노하우를 배웠다. 그리고 이를 잘 활용하여 베트남에서 또 다른 기적을 만들 수 있었다.

이처럼 상사를 제대로 모실 줄 아는 사람이 나중에 위대한 상사가 되는 것이다. 당신이 모시는 상사가 친절하지도 않고 일만 시킨다고 투정부리지 말아야 한다. 그 상사가 승진에서 누락되고 퇴직을 당한다면 당신은 괜찮을까? 아마도 당신도 똑같은 대우를 받게 될 것이다. 상사가 못되고 싫을수록 더욱 열심히 일을 해서 승진이라도 시켜야 그 못된 상사를 다른 부서로라도 옮겨가게 만들 수 있는 것이다.

상사와 정말 친목하고 화합하는 관계를 만들고 싶다면 여러분이 빨리 진급해서 그런 이상적인 상사가 되라고 말하고 싶다. 상사가 되고 싶으면 위로는 직속상관을 정말 잘 모시고, 아래로는 부하들을 정말 정성으로 가르쳐야만 비로소 진급을 하고 임원이 될 수 있는 것이다.

처음 받은 부탁은
정성을 다하자

사회생활과 비즈니스에서 정말 필요한 것은 끈끈한 인간관계 형성이라고 할 수 있고, 여러분이 사람을 상대해야 하는 비즈니스를 가진 직장에서 일한다면 더욱 좋은 인간관계가 필요하고 자신의 성장에 가장 중요한 요소일 것이다.

하지만 끈끈한 관계를 만들기가 절대 쉽지 않다. 어려서부터 같이 자란 동네 친구나 중학교, 고등학교 동창들은 나 자신의 있는 그대로를 보여줘도 다 이해를 하고 언제든지 만나서 술 한잔할 수 있다. 그 이유는 굳이 친구끼리는 나에게 도움이 될지 안 될지를 판단하지 않기 때문이다. 하지만 비즈니스로 만난 사람들은 절대로 그렇지 않다. 처음 만날 때부터 비즈니스 심리로 이 사람이 나에게 도움이 될까? 안될까? 라고 자동적으로 생각한다. 상대방은 내가 과장이면 과장 수준, 내가 임원이면 임원 수준으로 자기에게 도움이 될 것으로 기대하고 도움이 된다는 전제 하에 만남이 지속이 되지만 도움이 안 된다면 두 번 다시 만나주지도 않을 것이다. 그래서 그 기대에 부응하는 것이 인간관계 형성에 제일 좋은 방법이 된다. 미팅을 통해 처음 만난 사람이 전화를 걸어와 뭔가를 의뢰하거나 부탁을 하게 되면 정말 정성으로 들어줘야 하고 거절을 할 수밖에 없다면 예의와 정성을 다해서 거절을 해야 한다. 비즈니스에서 필요 없는 사람은 절대 두 번 이상 만나지 않는다는 것을 꼭 기억해야 한다.

식사나 술자리를 갖더라도 처음은 무조건 내가 돈을 내야 한다고 생각한다. 그래야 다음에 또 연락하고 불러준다. 만약에 내가 갑의 위치에 있다면 무슨 수를 써서라도 을의 위치에 있는 그들이 먼저 돈을 낼 것이다. 그 이유는 간단하다. 그래야 관계가 유지될 것이라고 생각하기 때문이다.

이 정도 하면 되겠지 정도가 아니라 지극정성을 다해서 피드백을 들어줘야 한다는 말이다. 더욱이 당신이 갑이 아닌 을의 위치에 있다면 더욱 그래야 한다. 그렇게 해야 비즈니스 인간관계는 시작될 수 있다.

반대로 생각해 보자

살아가면서 가장 해결하기 어려운 것은 일도 아니고 공부도 아닌 '인간관계'이다. 적대감을 가진 사람이 같은 회사, 조직 내에 있다면 그것만큼 힘들고 스트레스가 되는 일도 없다. 누구나 인생에서 항상 앞길을 가로막고 나를 무작정 비판하는 사람은 반드시 있게 마련이다. 하는 일이 많아지고 직급이 올라갈수록 적대감을 갖는 사람은 더 많아지는 것도 당연한 것이다.

보통 가정을 떠나 학교라는 사회에 첫발을 내딛는 순간부터 모르는 사람들과의 인간관계는 시작된다. 처음에는 서로 모르지만 대화를 하게 되고 함께 생활을 하다보면 나와 생각이

다른 사람들이 있다는 것을 느끼게 되고, 종종 이로 인해 다투기도 한다.

"나는 저 친구가 싫어, 조금 이상해"라고 부모님에게 말하면 "친구와 사이좋게 지내야 한다"고 가르침을 준다. 학교라는 조그만 사회에서 친구와 사이좋게 지내야 한다는 규범 속에서 적응이라는 단계로 발전해 나가기 마련이다. 이렇게 학교, 군대 등 자기가 속한 사회의 많은 규범을 배우고 깨닫는 과정 속에서 사람은 성장을 지속해 나가는 것이다.

그렇게 성인이 되면 어느 정도 확고한 자아의 가치관이 성립된다. 사회 저변을 흐르는 보편타당한 가치관과 함께 자신만의 가치관을 보유하게 되는데, 여기서 인간관계의 불협화음이 시작된다. 특히 사회생활을 시작하게 되면서 서로 다른 가치관과 다른 성격들이 충돌하게 되는데, 그것이 나와 융합이 잘 안 되는 사람을 만나게 되어 벌어지는 일이다. 사내 미팅에서 의견이 서로 달라 갈등이 생기고 심하면 대립각을 나타내고 심지어 얼굴조차 보고 싶지 않은 사이가 되기도 한다. 또한 상사와 부하의 관계, 부서와 부서의 관계, 서로 다른 상사와의 갈등 등으로 번져서 갈등 구조가 더욱 복잡해질 수 있다.

이러한 갈등을 해결할 수 있는 방법은 "반대로 생각하기"이다. 필자도 일을 하면서 가치관이 서로 달라서 말싸움을 하고 등을 지고 사는 사람들이 많았다. 그때마다 대립각은 심각한 갈등으로 발전했고 나에게는 너무 심한 스트레스였고 고통이었다. 그래서 생각한 것이 '이해'라는 단어였다. 이미 상대의 가치관과 살아온 과정을 알기 때문에 원래 이 친구는 그런 사람이란 인식과 이해를 통해 "그럴 수 있다"고 생각하는 것이었다.

반대로 생각하기, 상대가 가지고 있는 가치관으로 다시 생각해보기를 통해 '이해'라는 단계를 넘어서면 의외로 마음이 편해지고 웃어넘길 수 있게 된다. 또한 회사에서 임원이 되려면 불필요한 갈등구조를 해결해야 하는데 그렇지 못하면 "리더십이 없다", "이해성이 부족하다"는 평가가 내려져 임원 진급은 물 건너가기 마련이다. 한 번 이러한 좋지 않은 이미지가 형성되면 진정한 리더의 길로 가는데 결정적인 장애가 되기 때문에 정말 경계해야 한다.

또한 이러한 인간관계 속에서 본인이 어떤 가치관과 인격을 가지고 갈등보다는 이해의 구조 속에 융화를 했는지에 따라 사람의 얼굴이 달라진다고 하지 않았던가? 프랑스 소설가 H. 발자크가 남긴 말 중에 "사람의 얼굴은 하나의 풍경이며 한권의 책이다. 얼굴은 결코 거짓말을 하지 않는다."라는 말이 있다. 나이가 들면 자기 얼굴 속에 젊은 시절의 풋풋한 이미지가 사라지고 주름진 얼굴을 만나는데, 그 늙은 얼굴 속에서도 온화하고 미소가 아름다운 얼굴을 만들려면 이처럼 조화롭게 융화하는 이해과정을 해야 하는 것이다.

우리의 인생은 탄탄한 주제와 흥미진진한 스토리가 담겨 있는 한권의 베스트셀러를 만드는 과정이라고 생각하고 늙어갈 자기 얼굴을 아름답게 꾸며 나가야 하는 것이다.

외국어는 유창한 수준을
목표로 하자

    외국어는 외국어일 뿐이다. 절대 'Native Speaker'는 될 수 없다고 생각하자. 영어는 다시 태어나 미국, 영국 국민이 되지 않는 한 Native Speaker가 될 수 없으며 모국어처럼 잘할 수 없음을 인식하고 그저 일상생활과 비즈니스 관계에서 유창하게 대화할 수 있는 정도의 외국어 구사를 목표로 하자. 그래야 편한 마음으로 도전할 수 있다.

    영어 하나만이라도 Opic IH까지 수준을 높이고 다른 외국어를 도전해보자. 하나의 외국어를 어느 정도 말할 수 있으면 다른 외국어 공부는 의외로 쉽게 할 수 있다. 하나의 외국어를 완벽하게 구사하는 것보다 3~4개를 유창한 수준으로 구사할 수 있는게 더 각광받을 수 있다.

　필자의 경험에 의하면 어느 외국어든 1천개 문장만 외워두면 웬만한 대화는 할 수 있는 것 같다. 나의 경우는 대학에 복학해서 수첩 2개에 필수 영어회화 1천개 문장을 일일이 적어놓고 한 문장을 40번씩 반복해서 소리 내어 읽었다. 20번을 읽으니 아무리 긴 문장도 안 보고 읽을 수 있게 되었고, 30번을 읽으니 저절로 연음이 되어 발음을 하게 되었다. 그리고 40번을 읽으니 자연스럽게 제스처까지 하면서 영어 문장이 술술 튀어나오게 되었다. 1천개 문장을 모두 40번씩 읽으면서 필히 다시 읽어야 할 것은 동그라미, 알쏭달쏭한 것은 세모, 더 이상 읽지 않아도 되는 것은 엑스로 표시했다. 그런 다음 엑스 표시가 된 문장을 제외하고 다시 40번씩 읽는 연습을 반복해가며 1천개 문장을 모두 외웠다.

　필자는 이런 방식으로 영어, 일어, 러시아어를 공부해서 외국 손님들, 대사, 국빈들을 만나서도 문제없이 대화를 할 수 있었다. 외국어는 완벽하게 말할 필요는 없다고 생각한다. 어차피 그분들에게는 나는 외국인이고 모국어처럼 얘기해 주기를 기대도 하지 않기 때문이다. 또한 영어, 일어, 중국어가 아닌 이상 러시아어, 스페인어, 베트남어 같은 외국어는 내가 말하는 것이 정말 잘하는 것인지 확인할 수 있는 사람도 주변에

별로 없다.

　간단한 말이라도 언제 어디서든 짧은 말이라도 이어서 문장으로 유창하게 할 줄 알면 된다. 필자도 러시아 대사와 2시간 동안 식사를 하면서 그때 배운 러시아어로 대화를 나누었다. 언어적으로는 당연히 서툴렀겠지만, 그 대사는 호텔의 총지배인이 러시아어로 말해준 것만으로도 고맙고 기분이 좋았다고 전해주었다.

　사회생활을 하다 보면 영어로 중요한 비즈니스나 법적인 문제를 다룰 때 본인이 아무리 영어를 잘한다고 하더라도 영어 문서를 직접 검토하는 경우는 극히 드물다. 대부분 외부에 맡겨서 검토를 하게 된다. 따라서 Writing은 영어 편지 정도 작성할 줄 알면 그것으로 충분하다. 나머지 일어, 중국어, 러시아어 등은 말할 정도만 되면 된다.

　외국어는 자기가 말할 줄 모르는 말은 절대 알아듣지 못한다. Listening은 자기가 말할 줄 아는 것만 들리기 때문이다. 그래서 듣기, 쓰기보다 더 중요한 것이 말하는 것이다. 우선 1천개 문장만 만들어서 그냥 40번씩 쭉 읽어보자. 그렇게 2년 동안 지속하면 3개 외국어 정도는 무리 없이 할 수 있다. 그 정도만 해도 사회생활에서 외국어가 여러분의 발목을 잡는 경우는 절대 발생하지 않을 것이다.

물론 외국어를 못해도 국내에서 살아가는데 큰 지장은 없다. 하지만 여러분이 상사가 되고 임원이 되었을 때에는 나는 외국어를 못한다고 떳떳하게 말할 수 없을 것이고, 회사생활 내내 창피함을 느끼고 커다란 스트레스를 갖게 될 것이다. 당연히 외국어를 못하면 임원이 될 확률도 그만큼 적다.

외국어를 못할 때 제일 심한 창피함은 내 아이들로부터 받을 수 있고, 본인도 못하는 외국어를 아이들에게 잘하라고 야단칠 수 없다. 그래서 본인이 외국어를 못하면 아이들도 못할 확률이 높다.

퇴직 후에 외국으로 자유여행을 가려면 지금부터 공부해야 한다. 아무리 한국이 세계에서 위상이 높아졌다고 해도 한국어가 영어를 대신하지는 못한다. 우선 1천개 문장을 만들고 당장 시작해보자. 당신도 언어 도사가 될 수 있다. 하나의 외국어가 가능해지면 제2, 제3의 외국어는 더욱 쉬워진다.

10,000명의 전화번호를
가져보자

    필자의 휴대폰에는 등록된 번호가 10,000개 정도 된다. 내 습관 중에 하나가 사람을 만나 명함을 주고받으면 그날 바로 휴대폰에 등록하는 것이다. 그 이유는 상대방이 언제 전화를 걸어와 객실이나 연회장을 예약할지 모르기 때문이다. 만약 전화가 걸려와서 "누구시냐"고 물어봤는데 내가 만난 사람일 경우 그것만큼 창피한 일이 없는 반면, "○○○님 안녕하셨습니까?"라고 이름을 불러주는 것만큼 신뢰감을 주고 비즈니스 관계를 좋게 형성하는 것도 없다고 생각하기 때문이다.

    요즈음 리멤버라는 어플로 손쉽게 명함을 등록할 수 있고, 일단 등록을 해놓으면 카카오, 라인, 페이스북, 메신저, 링크

드인, WhatsApp 등에 자동 등록되어 정말 간단하게 SNS에 연결되는 시대이다 보니 더욱 편하게 상대방의 명함을 등록하고 커뮤니케이션 할 수 있게 되었다.

대략 10,000명의 전화번호를 등록하면 어떤 비즈니스를 해도 이 인맥을 가지고 쉽게 시작할 수 있을 것이다. 부서가 바뀌면 바뀌었다고, 승진을 하면 승진을 했다고 알려주면 지속적인 관계 유지가 가능해지고, 이 정도의 인맥이 쌓이면 웬만한 문제가 생겼을 때 쉽게 물어볼 수 있고, 해결할 수 있을 정도로 능력 있는 사람이 될 수 있다.

과거 전화만이 유일한 커뮤니케이션일 때는 한 달에 하루는 마음먹고 일일이 전화를 걸어서 안부를 전했던 시절이 있었지만 이제는 그럴 필요도 없고 몇 개의 SNS만 가동하면 언제든지 소식을 전하고 받을 수 있게 되었다.

그중에 Linked In은 꼭 개설을 해서 멋지게 본인의 사진, 경력, Skill 등을 관리하라고 말하고 싶다. 국제적인 헤드헌터는 보통 Linked In을 통해 서치를 한다. 호텔업계의 총지배인들은 한 달에 1회 정도는 Job Offer 받아야 제대로 일을 하고 있다고 여긴다. 그만큼 자기 이름과 Professional Job Career가 국제적으로도 오픈이 되어야 다른 회사로의 이직이나 제대로 된 외부 평가를 쉽게 받을 수 있는 것이다.

15

후배는 정성으로
키워야 한다

성공적인 현대 리더십에서 가장 중요한 것 중에 하나는 회사와 자신의 비즈니스 성공뿐만 아니라 조직의 미래를 위한 인재 양성이라고 할 수 있다. 회사라는 조직도 결국은 사람이 이끌어가는 것이고, 한 명의 뛰어난 인재가 회사를 성공시키는 사례는 주변에서 쉽게 발견할 수 있다. 그래서 인재개발은 어느 조직이든 성공을 위해서 끊임없이 준비해야 하는 것이고, 인재개발의 성공 케이스는 대학의 MBA 과정에서도 가장 중요하게 다루는 사례연구 항목이기도 하다.

필자가 생각하는 진정한 리더십이란, 리더 본인도 원대한 꿈을 달성하고자 노력하는 동시에 조직 구성원들이 모두 각자의 꿈을 가지게 유도하고, 그 꿈을 이루기 위해 행동을 변화시키고, 도전적으로 새로운 습관을 만들어 스스로 변화해가게 하는 것이라고 생각한다. 한마디로 "후배를 키워야 한다"는 말이다. 즉, 후배를 키우려면 먼저 본인이 꿈을 가지고 노력하는 사람이 되어야 한다.

진정한 리더는 후배가 인생을 통해 달성할 위대한 꿈을 만들도록 코칭하고, 후배 스스로 꿈을 달성하기 위한 단기·중기·장기 실천과제를 만들게 하고, 그 과제들을 하나하나 달성해 나가기 위해 하루하루의 행동 패턴과 Routine을 새롭게 만들게 하고, 그 Routine대로 변화하여 살아가게 만드는 것이다.

회사에서 후배를 그렇게 키우려면 본인이 먼저 모범이 되어 끊임없이 노력하고, 조직 내에서 성장하는 리더가 되어야만 한다. 꿈도 없고 도전도 안하는 선배가 꿈에 대해 얘기를 한다면 후배에게는 허황된 얘기로 치부될 것이기 때문이다.

만약 당신이 아직은 성공하지 못했다 하더라도 앞으로 성공하는 리더가 되고 싶다면 가능한 많은 후배에게 자신의 꿈은 무엇인지 알리라고 말하고 싶다. 주변에 많이 알릴수록 그 꿈을 이루려고 부단히 노력하지 않을 수 없기 때문이다. 많은 후배들도 당신을 지켜보게 될 것이고 그 많은 눈초리 때문이라도 자연스럽게 게을러질 수 없는 존재가 되는 것이다.

후배를 제대로 키우려면 후배의 라이프 매니지먼트Life Management도 코칭해 줘야 한다. 그만큼 많은 대화를 나눠야 한다. 물론 시간이 많이 걸리지만 이런 인연은 한 번 시작되면 평생을 가게 된다. 라이프 매니지먼트의 저변을 아우르는 하나의 단어는 후배에 대한 나의 '지극정성'이라고 할 수 있다. 당신이 진급을 해서 상사만 돼도 부하는 저절로 생기지만 나를 진정으로 따르는 후배는 쉽게 생기지 않는다. 정말 지극정성을 다해야만 당신을 선배라고 부르게 될 것이다. 그렇게 정성을 다해 키운 후배들은 당신이 리더가 되었을 때 옹호세력이 되고, 조직 내 엄청난 힘을 발휘하게 되는 것이다.

이런 사고방식을 가지고 있던 필자는 과장 시절부터 나만의 캠페인으로 남자, 여자를 막론하고 꿈을 가져보겠다는 직원들에게는 정말 꼼꼼하고 일관되게 후배 키우기를 지속했었다. 나의 '후배 키우기 캠페인'에 들어온 후배들은 대부분 회사 내에서 인정을 못 받는 직원들이었다. 그동안 보여 왔던 업무에 임하는 태도라든지 의식을 개조해야 했기 때문에 그들은 혹독하다고 느낄 정도의 수많은 지적질을 감내해야만 했었다. 동시에 나의 새로운 업무 방식을 자기 것으로 받아들이고, 남들보다 많은 일을 하면서도 끊임없이 아이디어 창출을 해내느라 고생을 정말 많이 했었다. 그렇게 내 밑에서 1~2년 견디고 일을 하다 보면 자신들도 모르게 회사 내에서 정말 일 잘하고 능력 있는 직원으로 변모되었다.

필자가 총지배인으로 근무했을 때 가능성 있는 팀장들과 부총지배인에게는 1년 과정으로 주 1회의 Tea Meeting을 정기적으로 했다. 그때 그들에게 해준 얘기는 Quality 있는 총지배인이 되는 방법과 총지배인이 되었을 때의 주요 역할과 준비 사항을 골자로 하는 전략적인 것이었다. 물론 그 직원들이 총지배인이나 임원이 될 수 있을지 모르는 상황이었지만 총지배인이라는 꿈을 가지게끔 유도를 한 것이다. 그들이 총지배인이 되겠다는 결심을 하는 순간부터 그 누구보다도 열심히 일을 하게 되었고, 만들어 내는 실적과 서비스 Quality를 통해 내가 맡은 호텔의 실적은 저절로 상승하게 되었다. 덩달아 필자의 평가도 수직 상승하게 된 것이다.

또한 그들에게 필자가 오랜 기간 만들어 놓은 '총지배인 전략'을 3시간 정도 프레젠테이션을 해서 직접 구체적으로 알려주었고, 그 주요 내용들은 사내 미팅이나 현장에서 직접 보여주기도 했다. 이를 토대로 미래에 본인이 총지배인이 되었을 때 스스로 펼칠 본인만의 전략을 수립하라고 주문하였고, 충분한 시간을 주고 자신이 만든 총지배인 전략을 나에게 브리핑을 하라고 지시했었다. 싫든 좋든 총지배인의 지시라서 어쩔 수 없이 PPT를 만들어 브리핑을 했겠지만 필자는 냉철하고 꼼꼼하게 지적하면서 고쳐나갔고 완벽하게 될 때까지 수정해서 그들만의 총지배인 전략을 만들게 했었다.

그 내용에는 총지배인이 되어 펼칠 자신만의 철학과 모토가 중심이 된 객실, 식음, 조리, 세일즈, 마케팅, 시설, 위생을 망라하는 전략 전술이 담겨 있었고, 총지배인 발령 후 하게 될 첫 팀장 미팅에서 자신의 철학과 경영방침에 대해 얘기하는 것, 총지배인 취임식에서 발표할 취임사까지 들어 있었다. 또한 총지배인으로 출근해서부터 체크할 호텔 내의 수많은 시설과 직원들의 서비스 품질, 업종별 메뉴, 위생, 마케팅, 세일즈 기법, 직원 통솔 방법, 고객들과 인사 방법, Complaint 접수 기법, 노조 대화법, 기타 대내외 활동 전략까지 포함되어 이것 하나만 가지고 그대로 실행을 하여도 무난하게 성공하고 존경받는 총지배인이 될 수 있는 전략이었다. 그리고 그 전략을 1년 동안 실행한 후 새로운 사회 조류와 트렌드 변화에 맞춰 다시 수정하여 반영하는 것을 전제로 하였다.

그렇게 필자에게 교육을 받은 많은 후배들은 실적과 고과가 좋을 수밖에 없었고, 그 실적을 인정받아 대부분 총지배인이 되었으며 한국, 러시아, 베트남, 미얀마 등에서 호텔 운영 전문가로 열정적으로 일하고 있다.

16

철저한 팀워크를 유지하자

조직 내에서 인정받고 미래에 임원이 되려면 자신이 속한 조직을 강한 조직으로 만들 줄 알아야 하고, 실질적인 성과를 내야 한다는 것은 당연한 얘기일 것이다.

필자가 마케팅 과장으로 근무할 때의 얘기다. 당시 나는 워낙 적극적으로 일하고 평소에 아이디어를 생각해 내고 정리해 놓는 습관이 있어서, 팀에서 나오는 새로운 아이디어 중 90% 이상이 모두 내 머리에서 나왔고, 팀의 성공한 마케팅 성과와 프로젝트는 모두 내가 기획한 것이었다. 그러던 어느 날 본부장님으로부터 제주호텔 오픈 5주년 기념행사를 성대하게 기획해보라는 지시를 받았다. 이때 내가 내놓은 아이디어는 현대자동차와 협업하여 당시 제일 고가였던 1억 원 상당의 에쿠스리무진 1대를 협찬받아 5개 호텔 로비에 1개월간 전시를 하고, 동기간에 호텔 투숙을 하거나 식당을 이용한 고객이 응모를 하면 그중에 1명을 추첨하여 에쿠스리무진을 증정하는 행사였다. 당시 호텔 업계에서는 1억이나 되는 자동차를 경품으로 내놓은 행사는 처음이었기 때문에 엄청난 반응이 있었고, 덕분에 대대적인 호텔 홍보도 할 수 있었다. 무려 10만 명이나 되는 고객이 경품 행사에 응모했고 성황리에 행사를 마칠 수 있었다. 필자가 현대자동차는 물론 20개 정도 외부업체와 협력을 이끌어 내기 위해 직접 발로 뛰며 일일이 설득해서 이뤄낸 성과였다.

행사가 끝나고 대표이사와 본부장으로부터 극찬을 받았음은 물론이었다. 당연히 그 공은 과장인 나에게 올 것이라고 잔뜩 기대하고 있었다. 그런데 팀장의 생각은 나와 전혀 달랐다. 이 성과는 마케팅팀 전체의 성과이지 나만의 성과는 아니라는 것이었다. 나로서는 처음 기획 단계부터 정말 고생해서 만든 것이었는데, 나에게는 고생했다는 칭찬 한마디도 없이 마케팅팀 전체의 성과로 돌리니 정말 서운했고 그때는 팀장이 사람같이 보이지도 않았다. 필자는 그런 팀장에게 강하게 반발했고, 그 결과 팀장과 사이가 틀어지게 되었다.

그때의 나는 불도저처럼 일만 하였고, 새로운 아이디어로 일을 만들어 내고, 일단 일을 시작하면 모두 성공시키는 정말 일 하나는 잘한다고 평가받던 과장이었으며, 연말 대표이사 특별상도 당연히 내 차지였는데 팀장은 나에게 칭찬 한 번 하지 않았었다. 팀장은 그 후로 내가 아이디어를 새롭게 만들어 올린 기획안들을 수시로 반대하기 일쑤였다. 이후 팀장과 갈등은 더욱 심화되었고 결국 그 해에 내가 차장 승진을 한 다음 마케팅팀을 떠나게 되는 계기가 되었다.

지금 돌이켜 보면 마케팅담당 과장 시절의 나는 정말 머저리 그 자체였던 것 같다. 내가 일을 도맡아 하다 보니 팀은 팀장이 아닌 과장인 내가 이끌어 가는 것으로 착각할 정도로 거만해져서 담당하고 있던 마케팅담당 내에 나를 제대로 따라오지 못하거나 적응하지 못하는 직원들을 인사팀에 전출을 신청해서 내보내기까지 했었다. 당시 나는 어차피 나 혼자 아이디어 내고 내가 다 일하고 있으니 저런 직원들은 없어져도 상관없다는 생각을 가지고 있었다.

그렇게 일하다 보니 팀의 사기는 많이 떨어져 갔었다. 팀장은 팀장대로 일 하나만큼은 열심히 하는 나를 내보낼 수 없었고, 그렇다고 내가 내보내자고 했던 직원들을 내보낼 수도 없는 상황이어서 힘들어 했던 것 같다.

내가 아무리 일을 많이 그리고 잘한다고 하더라도 개인보다는 팀 전체를 위해서는 팀의 성과라고 강조해야 했다는 것을 나중에 내가 팀장이 되고 총지배인이 되어서야 비로소 알게 되었다. 내가 기획하고 만들었던 성과라고 하더라도 이것은 팀의 성과라고 오히려 내가 양보했어야만 했다. 그렇게 말을 했어도 조직은 나의 성과라는 것을 분명 인정해 주었을 것이고 같이 일하는 팀원들도 그 팀의 성과 안에서 자부심을 가지고 일을 할 수 있었을 것이고 또한 전체 팀은 그 어떤 불화도 없이 단결하여 더 나은 성과를 만들기 위해 노력하는 분위기 속에서 분명 모두들 행복해했을 것이었다.

그 뒤로부터 철저하게 팀 위주로 일을 하게 되었고 그 어떤 성과도 조직 전체의 성과로 간주하고 업무를 해왔다. 물론 총지배인이 되어서도 아이디어를 낸 것은 나였지만 해당 팀에 지시를 하고 그 성과는 그 팀에 고스란히 배정을 시켜주었고 승진의 혜택을 주기까지 했었다. 그렇게 하다 보니 팀장과 팀원들은 리더인 나를 따르게 되는 것이었다.

그렇게 해서 나의 리더십은 긍정적으로 변화를 했고 내가 노력을 해서 만든 성공이라 하더라도 굳이 내 것이라고 말하지 않고 팀과 조직의 성과로 돌리게 되니 자연스럽게 내가 맡은 조직이 탄탄해지는 결과를 가져오게 되었다.

내 차별성의 결론, 프레젠테이션

　회사 내 같은 직급에서 남들보다 더 높은 지명도를 갖고, 승진도 빨리하려면 자기만의 차별성을 많이 갖고 있어야 한다. 신입사원이라면 남들보다 빨리 출근하기, 꼼꼼함으로 무장된 업무 능력, 외국어, 상사와의 호흡을 잘 맞추는 사회성, 참신한 아이디어 창출 능력, 긍정적인 마인드, 매출 목표를 달성하려는 강한 도전의식 등이 차별성을 가질 수 있는 좋은 예이다.

　하지만 누구나 장점이 있으면 단점도 있기 마련이다. 따라서 장단점을 평균하여 사람을 평가하게 되는데 같은 직급 내에서는 대부분 우열을 가리기 힘들 때가 많다. 그래서 비슷한 능력과 성과를 가진 여러 명 중 한 명을 고를 수밖에 없는 진급 심사에는 다른 사람들보다 뛰어난 지명도를 가지고 있는 사람이 결국 진급하게 된다. 특히 직원 수가 많지 않은 중소기업에서는 경쟁자들 사이에 우열이 쉽게 가려져 누군가 한 명을 선택하기 쉬운 반면, 대기업처럼 인원이 많을 때에는 정말 우열을 가리기가 쉽지 않다. 이럴 때 인사담당자나 평가자는 십중팔구 상대적으로 지명도가 높은 직원을 선택할 확률이 높다.

필자가 생각할 때 상사들과 평가자들의 눈에 가장 쉽게 띌 수 있는 차별성은 프레젠테이션 능력이다. 팀 프로젝트 결과를 임원들 앞에서 발표할 때라든지, 관공서나 고객사에서 경쟁 입찰 프레젠테이션을 할 때에는 주로 발표성이 가장 좋은 직원이 나서게 된다. 경쟁 프레젠테이션을 받는 입장에서 볼 때 사업 실적이나 발표 내용이 비슷하다고 할 때에는 결국 발표와 설명을 잘한 회사에 가산점을 주고, 그 프레젠테이션을 담당한 직원에게 후한 평가를 주게 된다.

이런 이유로 사회생활에서 갖춰야 할 여러 능력 위에 발표력을 추가로 갖추게 되면 동급자 사이에서 결정적인 차별성을 보유하게 되는 것이다.

필자도 사내에서 많은 프레젠테이션을 담당했다. 그 이유는 발표 방법이 독특했기 때문인데, 일단 프레젠테이션을 들어

가기 전에 반드시 주위를 환기하는 말로 시작을 하고, 선명한 음성의 높고 낮음으로 내용의 중요성을 강조한다. 여기까지는 일반적이라고 할 수 있는데, 나만의 결정적인 차별성은 장표의 순서와 내용을 모두 암기하고 발표를 한다는 것이다. 그래서 장표를 넘길 때에도 웬만해서는 프레젠테이션 화면을 보지 않고 반드시 포인터로 찍어야 할 때에만 장표를 본다. 장표의 순서를 모두 외우고 발표하기 때문에 듣는 사람들은 내가 장표에 맞게 말하는지 확인하기 위해 내 말에 더욱 집중하면서 장표를 뚫어지게 쳐다보게 된다.

이렇게 장표의 전개와 동일하게 발표를 하게 되면 발표를 듣는 임원들이나 심사위원들은 자기도 모르게 내가 발표하는 내용에 신뢰를 갖게 되는 장점이 있다.

또한 발표 중간에 다른 장표로 이동할 때에는 보통 링크를 걸어놓고 이동을 하지만, 나 같은 경우는 해당 페이지 번호를 직접 키보드에 입력해서 이동을 하고 다시 번호를 쳐서 되돌아온다. 장표를 외운다는 의미는 그만큼 발표 연습을 많이 해야 한다는 의미이다. 나는 장표가 100페이지가 넘어도 다 외워서 발표를 해왔다.

상사가 발표를 하고 내가 장표를 넘기는 역할을 할 때에도 마찬가지로 장표별 페이지를 모두 외우고 발표에 들어갔다.

만약 상사가 발표를 하다가 본인이 잘 모르는 질문을 받았을 때는 해당 질문의 답변이 있는 장표 번호로 한 번에 이동을 해서 상사가 바로 대답을 할 수 있게 조치했었다. 장표를 만드는 입장에서는 예상 질문의 답변 내용을 따로 만들어야 하고, 그만큼 장표 작성에 들이는 시간과 노력이 많이 들지만 이것만큼 상사에게 안심이 되는 일은 없었다.

아무리 간단한 발표라도 이왕이면 모든 장표를 외우고, 발표 연습을 많이 해서 완벽하게 발표하는 경험을 쌓길 권한다. 필자가 팀장이나 임원 시절에도 사내 마케팅 우수사례 발표, 신규 아이디어 공모 등 프로젝트 관련 대회가 있으면 참가하는 필자는 직원들에게 장표를 보지 않고 발표를 하게 해서 늘 1등을 놓치지 않게 했었다.

여러분도 장표를 외울 정도로 꼼꼼히 준비하여 발표하다 보면 남들보다 분명히 차별적인 발표력을 갖게 될 것이며, 그 차별성을 바탕으로 조직 내에서 뛰어난 지명도를 갖게 될 것이다.

PART
3

힘 있는 아빠 되기

꿈을 이루기 위해서 제일 중요한 것은
하루의 루틴을 제대로 잡고 계속 실천하는 것이다.

10년 후를 예측하고 투자하자

세상에서 가장 중요한 자신에게 투자하자.

필자는 앞서 1993년 러시아어를 미리 배웠다고 얘기했다. 그 덕분에 우리 호텔의 첫 번째 해외호텔 프로젝트였던 모스크바 프로젝트에 영업팀장으로 부임할 수 있었고, 정말 고생을 많이 했지만 훌륭한 호텔을 오픈시키고 거기서 부총지배인을 했다. 그리고 보란 듯이 오픈 1년 만에 영업이익을 흑자로 만들었고 동시에 러시아 최고의 호텔로 포지셔닝 시켰다. 그 공로를 인정받아 필자는 2013년 임원이 되었다. 만약 러시아어 공부를 미리 하지 않았더라면 나에게 기회와 성공의 땅이 된 모스크바를 밟아보지도 못했을 것이다.

그 후 우리 호텔은 모스크바의 성공을 기반으로 이제는 전 세계 13개국에 5성급 호텔을 거느리는 명실상부한 글로벌 호텔이 되었다.

필자가 러시아어를 공부하게 된 배경은 의외로 단순했다. 당시 소련연방이 해체되어 러시아로 바뀌고, 1990년 우리나라와 외교관계를 시작하는 것을 보고, 우리 호텔에도 조만간 러시아 고객들이 찾아오겠다는 생각에 러시아어를 배우기 시작한 것이다.

이처럼 단순한 판단과 시간 투자가 나중에 엄청난 변화를 가져왔듯이, 늘 미래를 예의 주시하고 적시에 예측하여 목표를 정하고 투자를 한다면 분명히 큰 변화를 가져올 수 있을 것이다.

필자가 1983년 고3 학력고사를 마치고 대학 진학을 결정할 때의 일이다. 당시 필자는 초등학교 5학년 때 목사님이 되겠다고 결심을 했기 때문에 당연히 감리교 신학대학에 입학하기로 되어 있었다. 그래서 다니던 수색감리교회 목사님께 추천서를 부탁드리고자 댁을 방문했는데, 목사님 말씀이 바로 신학대학에 진학하게 되면 목회자로서 사회에서 교인들이 겪는 어려움을 잘 이해할 수 없으니, 우선 일반대학에 진학해서 공부한 후에 신학대학으로 편입하는 것이 좋겠다는 것이었다. 그동안 신학대학만 생각했었는데 갑자기 일반대학의 전공을 선택해야 하는 상황이 된 것이다. 그래서 부랴부랴 주변에 돌아다니는 입시요강 책자를 훑어보다 발견한 학과가 '세종대학교 관광경영학과'였다. 신학대학에서 그렇게 관광경영학과로 순식간에 진로가 바뀌었다. 어차피 어떤 대학이든 졸업하고 신학대학으로 다시 돌아갈 것이기 때문에, 그 당시에는 전공이 그리 중요하지 않았다. 그런데 지금 돌아보면 그때의 순간적 선택이 나의 미래를 통째로 바꾸어 목사님에서 호텔 총지배인이 되는 계기가 되었다. 여러분도 사소하지만 긍정적인 하나의 결정이 미래에 엄청난 결과를 가져올지도 모른다.

필자가 아는 선배 중에 호주와 터키에서 여행 가이드를 하다가 현재는 조그만 면세점을 운영하는 사업가가 있는데, 얼마 전 한국에 들어왔을 때 같이 저녁식사를 한 적이 있다. 선배는 현재를 정말 중요한 투자의 시기라고 생각하고 60평생 인생 중에 가장 중요하고 마지막 투자의 모멘텀이 될 것이라고 말했다. 그래서 12억 정도의 현금을 전기차배터리 종목의 주식에 투자했다고 한다. 집으로 돌아와 자료를 찾아보니 국제에너지기구 발표에 의하면 2020년 전기차가 1,020만대였는데 2030년이 되면 3억5천만대가 된다고 한다. 전기차 시장이 커진다는 것은 모두가 아는 사실이지만 10년 만에 무려 34배가 증가된다면 그 폭발력은 어마 무시할 것이다. 그 선배가 관련 주식에 거금을 넣은 것은 분명 타당성이 있어 보였다.

2017년 그룹 상무시절 임원 특강에서 "가까운 미래에 비트코인이 유망할 것"이라는 말을 들었었다. 필자는 회사로 돌아와 아래 직원에게 비트코인에 대해서 알아보라고 지시하고, 그 내용을 전체 직원에게 공유해 비트코인에 대해서 공부하는 시간을 가진 적이 있었다. 하지만 정작 비트코인에 투자할 생각은 하지 못했었다. 지난 얘기지만 그때 10만 원 어치만 샀어도 정말 떼돈을 벌었을 것이다. 그때 공부를 같이 했던 팀원들도 상무님이 사라고 했으면 샀을 텐데, 왜 사라고 말을 안 하셨냐며 지금도 원망을 해댄다.

2007년 6월 애플에서 첫 번째 스마트폰이 출시되었다. 당시 러시아에서 근무하던 필자는 Early Adapter로서 미국에서 살고 있던 후배에게 부탁하여 스마트폰을 갖게 되었다. 러시아에서는 아직 출시되기 전이었기 때문에 그야말로 따끈한 신상품이었다. 아마도 러시아 전체에서 스마트폰을 처음 사용한 10명 안에 들지 않았을까 싶다. 그런데 그 스마트폰을 그렇게 빨리 접하고도 애플 주식을 살 생각은 전혀 하지 못했다. 지금 생각해보면 너무 후회가 된다. 아마 그때 애플 주식을 샀더라면 지금쯤 큰돈을 벌었을 텐데 말이다. 아마존에서 Kindle

이 나왔을 때도 마찬가지였다. 당초에 Kindle로 영어 소설책을 읽어 보겠다고 다짐하고 미국에 있던 딸에게 부탁을 해서 구매했는데, 정작 아마존 주식을 살 생각은 하지 못했다.

투자는 그런 것이다. 남들보다 먼저 사고의 각도를 약간 다른 쪽으로 돌려보면 투자할 만한 곳을 발견할 수 있다. 지금도 때는 늦지 않았다고 생각한다. 기회는 누구에게나 동등하게 주어지기 때문이다. 중요한 것은 늘 준비가 되어 있어야 한다는 점이다. 준비가 되어 있지 않으면 기회가 찾아와도 그게 기회인 줄 모르고 지나가 버리기 때문이다. 코로나로 전 세계 관광업계가 심각한 타격을 받고 있을 때 가치가 떨어진 호텔, 여행사, 면세점에 투자했더라면 지금쯤 엄청난 이익을 실현했을 것이다.

필자의 입사 동기들 중에는 국내 유명 건설사에 근무하는 동기들이 여러 명 있었는데, 지금은 다들 퇴직을 하고 2명이 남아 있다. 얼마 전 오랜만에 만나 소주 한잔을 하다가 그 동기에게 질문을 했다. 평생 아파트 짓는 일을 해왔으니 그동안 부동산 관련 고급 정보들을 많이 알 것 아니냐며, 강남에 고급 아파트 몇 채는 갖고 있을 것 아니냐고 물어봤다. 그랬더니 그 동기가 말하길, 30년을 넘게 이 분야에서 일했는데 정작 내가 가진 아파트는 없다는 것이었다. 그동안 일하면서 어떤 아파트가 투자 가치가 있는지 잘 알고 있었음에도 불구하고 그 아파트를 매매할 생각은 못했다는 것이다.

필자는 젊은 세대들에게 최소한 10년 후라도 세상이 어떻게 바뀔 것인지 공부하고 예측해서 여유자금을 투자해 보라고 권하고 싶다. 또한 꼭 금전적인 투자가 아니더라도 자기계발에 적극 투자하라고 말하고 싶다. 어학도 좋고, 코딩도 좋고, 바리스타, 원예, 목공, 음악 다 좋다. 뭐든 배워 놓으면 나중에 다 쓸모가 있다.

조그만 사고의 전환과 사소한 결정 하나를 실제 실행에 옮겼을 때, 미래에 엄청난 변화를 가져올 수 있다는 것을 반드시 인지하고, 앞으로는 하나라도 실행에 옮기는 아빠들이 되길 바란다.

100억 부자아빠 되기

　이 책을 보는 아빠들은 먼저 100억 정도의 부자아빠를 목표로 했으면 좋겠다. 물론 부자가 행복의 절대조건은 아니지만 세상을 살면서 사람 노릇 제대로 하고, 남들에게 무시당하지 않는데 있어 돈이 결정적인 역할을 하는 게 사실이다.

　필자도 돈 때문에 감당하지 못할 수준의 멸시를 받았던 그 참혹감에 내 자신과 부모를 원망했던 적이 많았다. 그래서 모름지기 가정을 일구고 자식을 키우는 젊은 아빠라면 필히 부자 되기를 목표로 해야 한다고 생각한다.

　요즘엔 태어날 때부터 아버지가 부자이거나 운 좋게 로또에 당첨되는 경우가 아니면, 부자 되기가 불가능하다는 사회통념

속에 살고 있다. 하지만 필자는 마음먹기에 따라 누구나 부자가 될 수 있다고 생각한다. "막연하게 나는 부자가 될 거야"라고 하지 말고, 얼마만큼의 부자가 될 것인지 명확하게 설정하고 노력해야 한다.

필자는 신입사원 교육을 할 때마다 "호텔 36층 연회장 창문 밖에 뭐가 보이냐"고 물어보곤 했다. 그러면 "하늘이요, 차들이요, 빌딩들이요" 같은 대답을 한다. 그러면 필자는 다시 "여러분 창밖에 수많은 빌딩들이 보이지요? 그중에서 여러분 것이 있습니까?"라고 묻는다. 당연히 대답은 "없다"이다. 다시 물어본다. "저 빌딩 중에 주인 없는 빌딩이 있을까요?" 당연히 대답은 "아니요"이다. 마지막으로 묻는다. "저 수많은 빌딩 중에 우리 것은 왜 없을까요?" 그러면 모두들 대답을 못한다.

필자는 수많은 빌딩들 중에 자신의 것이 없는 이유는 "빌딩을 가져볼 생각을 안했고, 가져보려고 노력을 안했기 때문"이라고 생각한다. 그래서 필자는 감히 말하고 싶다. "빌딩을 가져라", "빌딩을 가져보기 위해 연구하고 노력하라"고 말이다.

20억이든 100억짜리든 빌딩을 소유하겠다고 결심한 사람은 일단 빌딩을 구입하려면 얼마가 필요하고, 대출은 얼마를 받아야 하고, 임대료는 얼마정도 받아야 하는지 등 연구를 하게 된다. 그리고 할 수 있는 방법을 찾아 돈을 마련하기 위해 노력하게 된다. 이러한 시작이 결국 남들과의 차별화를 가져오게 되고, 계획적으로 계속 노력을 하다보면 끝내 빌딩의 주인이 될 수 있는 것이다.

필자는 이러한 결심이 부자가 되는 첫 번째 단계라고 생각한다. 100억 부자가 되겠다고 결심한 사람만이 100억이라는 돈을 머릿속에 그릴 수 있는 것이다. 구체적인 금액을 목표로 정하지 않은 사람은 절대 그 금액을 생각하지 못한다.

필자의 경우도 종잣돈을 모으고 집을 장만하는 과정이 쉽지는 않았다. 1990년 결혼 당시 전세자금 800만 원을 빌려서 전세 1,300만 원짜리 반지하에서 시작했는데, 종자돈 1억을 모으는 것보다 800만 원의 전세자금 대출을 갚는 것이 더 오래 걸렸다. 결혼 후 10년간 바지 한 벌도 사지 않고, 한 달에 용돈 30,000원교통비으로 버텼다. 속옷도 양말도 사지 않았다. 호텔 근무도 야근수당을 위해 1년에 9개월씩 야근을 6년간 했다. 그렇게 모은 종자돈을 기반으로 결혼한 지 10년 만에 송파구에 첫 아파트를 장만했고, 그 후에도 많은 연구를 해서 투자를 실행해 나갔고, 이사만 10번 넘게 다녔었다.

필자가 지금도 후회하는 것은 젊은 시절에 왜 빌딩 구입을 목표로 하지 못했을까 하는 것이다. 결혼생활을 너무도 없이 시작한 탓에 그렇게 비싼 빌딩은 나와는 아무 상관없는 일이라고 무의식적으로 생각했던 것 같다. 생각이 바뀌면 행동이 바뀌는 법이다. 빌딩이든, 아파트든, 상가든, 주식이든 결국은 본인이 얼마까지 벌겠다는 목표를 가져야만 행동이 바뀌고 실행을 하게 되는 것이다. 일단 시작하면 실행하는 방법은 얼마든지 찾을 수 있다.

가까운 미래에는 고령화, 인구감소, 탄소경영, 전기자동차 시대, ESG, 애프터 코로나, 가상화폐, 챗GPT 등 어마한 변화가 일어날 것이다. 그 많은 변화의 흐름 속에서 자신이 얼마나 긴장하면서 연구하는지에 따라 창업을 할 수도 있고 투자를 할 수도 있다. 누구에게나 기회는 무궁무진하다는 얘기다.

결국 재산이라는 것은 마음먹기 나름이다. 자신이 정한 재산의 가치가 100억이든 200억이든 일단 정하면 조금씩 현실이 되고 내 것이 될 수 있는 것이다. 역사적으로도 위대한 한 사람이 국가를 만들겠다는 목표를 세우고 도전해 국가가 탄생한 것이다. 이처럼 당장은 비현실적으로 보이는 목표도 수립하고 도전하면 분명히 달성할 수 있는 길이 보이게 된다.

부자가 되는 방법

----

❶ 무조건 일단 결정하고 시작한다. 우선 필요한 종자돈(최소 1억)을
   모을 수 있는 방법을 찾고, 매월 정한 목표 금액을 모으기 위해
   무엇을 어떻게 할 것인지 정하고 당장 실행한다.

❷ 월급 이외의 수입을 설계해 1억이 될 때까지 노력한다. 회사 내
   인센티브, 경진대회 출전, 아이디어 제출, 부모의 도움(부모 도움
   을 받는 것도 능력), 아르바이트 등을 실행한다.

❸ 아직 종자돈을 마련하지 못했더라도 산업계의 경제 흐름을 끊임
   없이 지켜보고 확인한다. 경제 위기가 새로운 기회라고 생각하고
   투자를 시작한다. 경제 위기에 현금이 있는 사람은 큰 부자가 될
   확률이 높다.(1998년 IMF, 2008년 경제 위기, 현재의 코로나 위기를 보
   면 현금을 보유한 사람에게는 큰 기회였다.)

❹ 지역별로 부동산 개발 호재가 있는지 늘 관심을 가지고 정보를
   취득한다.

❺ 일단 1억을 모으면 투자하기 시작한다. 다만 절대 무리하게 빚을
   내서 투자하지 말고, 계속 금액을 키워가며 투자를 지속한다.

❻ 투자로 항상 이익을 실현해서 종자돈을 계속 키워나가고, 축적
   된 정보를 바탕으로 투자를 반복한다.

이직하려면
더 열정적으로 일하라

요즘 MZ세대들에게 회사는 그저 노동을 제공한 만큼 월급을 받는 곳이지 공동운명체라는 인식은 많이 약하다. 회사는 언제든 그만둘 수 있으며 특히 급여를 더 주는 곳이 있으면 바로 이직을 하는 경우가 많다. 물론 잘못된 것도 아니고 당연한 일이기도 하다.

같은 논리로 회사도 마찬가지다. 당신이 회사에 제공하는 노동력이 기대 이하이거나 성과가 좋지 않을 때에는 승진에서 탈락시키고 최악의 경우에는 회사에서 내보낼 수도 있다. 회사 평판 사이트 Blind에 들어가 보면 익명으로 올린 많은 글에서 회사를 비하하고 심지어 경멸하는 수준으로 비난하는 경우를 많이 보게 된다. 물론 이 역시 나쁘다는 것은 아니다. 하지만 인간은 감정의 동물이기 때문에 그런 글을 올리게 되면 자신도 모르게 감정이 드러나는 행동을 하게 되어 있다. 아무리 감정을 겉으로 드러내지 않는다고 해도 내재되어 있는 마인드로 인해 업무에 진심을 담아서 하지 못하게 되는 것이다.

필자는 비록 지금 몸담고 있는 회사가 마음에 들지 않고 이직을 고려하고 있다고 하더라도, 회사에 대한 불만보다는 더욱 열정적으로 일해야 한다고 생각한다. 왜냐하면 현재 위치에서 인정받지 못하는 사람이 다른 회사에서 인정받는 경우는 드물기 때문이다. 또한 이직을 하더라도 전 회사의 근무 성적과 평판에 대해 Reference Check를 하게 되는데, 같이 일했던 상사나 동료가 당신을 평가하여 알려주게 된다. 모든 일과 인간관계는 연관되어 있는 것이다.

필자는 모스크바에서 총지배인 대행을 했던 2011년, 모스크바에 있는 5성급 호텔의 총지배인 모임을 주관한 적이 있다. 12명의 총지배인이 한자리에 모여 식사를 하는 사교적인 자리였는데, 어느 날 Mr. Stephen Ansell이라는 Park Hyatt 총지배인이 업계 선배로서 총지배인은 어떻게 일을 해야 하는지에 대해 말해줬던 기억이 남는다. 총지배인으로 있으면서 얼마나 일을 잘하고 있는지 판단하려면 자기가 Head Hunter로부터 얼마나 많이 Job Offer를 받는지를 보면 안다는 것이었다. 그가 알려준 기준은 한 달에 1회였다. 즉 한 달에 1회 이상 다른 호텔로부터 Pick Up 요청이 오지 않으면, 자신이 일을 제대로 하지 못하는 것으로 받아들이고 더욱 열심히 자신을 채찍질해야 한다는 말이었다.

적어도 한 달에 1회 정도는 다른 호텔로부터 Job Offer를 받을 수 있는 수준이 되어야 연봉도 높일 수 있고 대우가 더 좋은 호텔로 이직도 할 수 있다는 것인데, 이게 진정한 프로의 세계라는 것이다. 프로 스포츠 선수가 열심히 연습하고 기술을 습득해 게임에서 두각을 보이고 좋은 성적을 거둬야만 자기 몸값이 올라가듯, 회사에서도 마찬가지로 현재의 위치에서 그야말로 최고가 되어야만 더 높은 수준으로 올라갈 수 있는 것이다.

회사의 대우가 박하고 상사가 정말 싫더라도, 일단은 자신의 위치에서 정성을 다해 일을 하고, 확실하게 성과로 증명하는 상태가 되어야만 연봉도 더 올려 받으며 이직을 할 수 있는 것이다. 또한 자신은 열심히 하고 있다고 생각할 수 있지만 외부 평가는 전혀 다를 수 있는데, 외부 평가를 기준으로 자신의 위치를 파악하여 더욱 자신을 채찍질해야 한다.

해외에서 일해보자

우리 호텔의 젊은 직원들은 대부분 해외에서 근무하고 싶어했고, 신입사원들 중 상당수는 해외에 호텔이 12개나 되는 것을 보고 파견근무를 희망하여 입사한 경우도 많았다.

그들이 공통적으로 생각한 것은 해외에서 근무하게 되면 휴일에 그 지역의 유명 관광지를 다니고 멋진 식당에서 여유를 즐기며 여기저기를 관광할 수 있다는 것이었다.

하지만 현실은 절대로 그렇지 않다. 현지 호텔의 인력은 전부 현지인들로 구성되어 있고, 본사에서 해외로 파견되는 인력은 총지배인 1명, 기획관리 1명, 재경 1명 정도이다. 파견 인력은 현지 언어는 물론 영어도 잘해야 하고 객실·식음·조리

등 영업, 기획·총무·인사·구매 등 관리업무, 또 재경 업무까지 충분한 지식과 경험을 가지고 있어야 할 뿐만 아니라 단 3명으로 호텔 전체를 경영해야 함으로 정말 바쁜 일정을 소화해야 하는 것이 현실이다. 실제 공휴일에도 일을 해야 하고, 심한 경우에는 365일 하루도 쉬지 않고 일하는 경우도 있다. 게다가 본사나 한국에서 VIP라도 방문하는 날에는 24시간 체제로 근무하기 일쑤다.

필자도 모스크바에 근무할 때 호텔 오픈 전 3년 동안은 호텔을 건설하느라 정신없이 보냈고, 오픈 후 3년은 영업하느라 하루도 쉬지 못하고 일을 했었다. 평균 근무시간은 7 to 11이 기본이었고 창피한 얘기지만 호텔을 오픈한 이후에는 상트 페테르부르크ST. Peterburg 같은 도시나 그 흔한 관광지 한번 가보지 못했다. 모스크바 시내에 있는 크레몰 광장도 본사에서 임원이 오거나 VIP를 관광시켜 주기 위해 가본 게 전부다.

그 어떤 해외 호텔이라도 파견된 직원들의 삶은 결코 낭만적이지 않다. 그래서 워라벨을 중요시하는 젊은 직원들은 대부분 해외에서 근무하게 되면 적응하기도 쉽지 않을 뿐더러 현실에 좌절하기도 한다. 하지만 한 명의 호텔리어로서 국내에서는 전체 호텔의 흐름과 운영을 해보는 것은 임원이 되지 않고서는 불가능한 것인데 반해, 해외 호텔에 파견되어 호텔 전체를 경영해보는 경험은 본인의 커리어에 엄청난 도움이 되는 것은 사실이다. 또한 아이들은 파견 기간 동안 국제학교에 보낼 수 있기 때문에 아이들 교육에는 더할 나위 없이 좋은 기회가 될 수도 있다. 급여도 기본 월급 이외에 파견수당, 주택수당, 체제수당, 자녀교육비 등이 나오기 때문에 국내에서 받는 것보다 훨씬 많은 급여를 받을 수 있다.

현재 다니는 회사에 해외 근무처가 있다면, 초기부터 파견 근무를 목표로 하여 외국어, 근무성적 등을 미리 준비해 놓을 필요가 있다. 무엇보다도 해외에서 일하게 되면 본사의 전 부서를 상대로 일을 하게 되므로 회사 전체의 업무와 운영을 자연스럽게 익히게 되어 자신의 근무 역량을 극대화시키는데 결정적인 역할을 할 수 있다.

해외에서 근무하면 알게 되는 것이 하나 있다. 우리나라 국민 또는 국내 회사의 직원들이 정말 근면하고 경쟁력이 우수하다는 것이다. 국내에서 일하는 수준으로 해당 국가에서 일한다면 아마도 최고의 인력이 되지 않았을까 생각될 정도였다. 또한 모든 회사에서도 해외 파견근무 직원들은 회사의 주요 관리 인력으로 인정해주고, 인사적으로도 대우를 해주기 때문에 장기적으로 본인의 성장에도 크게 도움이 된다. 따라서 기회가 된다면 반드시 해외 근무를 해보라고 권하고 싶다.

운칠기삼(運七技三)

필자가 이전에 모시던 대표가 항상 하시던 말씀이 있었다. 인생을 살다보면 아무리 노력을 해도 안 되는 것들이 많다는 것이고 회사생활도 마찬가지라는 것이다. 그러면서 과거에 본인이 노력을 그렇게 했지만 진급이 안됐던 스토리, 그리고 윗사람에게 미움을 받아 여기저기로 쫓겨났던 스토리를 얘기해주면서 회사생활에서는 아무리 실력이 있고 노력을 많이 해도 운이 없으면 안 된다는 말씀이셨다.

그렇게 말하는 대표는 "나는 정말 운이 좋아서 이 자리까지 온 것 같다" "그래서 나는 아무 여한이 없다"라는 것이었다.

당시 그런 말을 듣는 필자는 현재까지 죽어라고 일하며 달려왔던 터에 너무나 김이 빠지는 소리였다. "노력해도 안 되는 것이 운이 좋으면 금방 된다고?" 그게 사실이라면 지금이라도 당장 노력하는 것을 중단하고 나에게 운이라는 것이 오기를 기다려야 한다는 말인가?

대표님의 이 얘기를 듣고 곰곰이 생각해 봤다. 그러면 대표님은 노력도 안하고 운이 좋아서 이 위치까지 올라왔을까? 내가 과장시절부터 모시던 분이었기 때문에 어떻게 일을 해 왔는지 잘 알고 있었다. 그분은 결코 일을 앞에 두고 핑계를 대거나 꾀병을 부리는 것을 한 번도 보지 못했다. 오히려 누구보다도 부지런하고 책임감 있게 일을 해왔으며 후배들도 살뜰하게 챙겨왔고 일이 있으면 밤샘도 마다하지 않았던 분이었다.

그분이 말하는 '운칠기삼'의 '운'은 정말 열심히 일하는 사람에게만 주어질 수 있는 하나의 인센티브 같은 것이라고 생각한다. 필자가 만나왔던 사회적으로 명성이나 지체가 높은 고객들이나 VIP들을 볼 때도 마찬가지다. 그분들의 말씀을 정리해 보면 자기가 그 자리까지 올라오기 위해 죽을 고비와 힘든 위기도 여러 번 넘겼고 그 많은 역경을 본인의 중단 없는 노력을 통해 극복하고 일어섰다는 것이었다.

맞는 말인 것 같다. 그런 죽을 만큼의 노력을 해 온 사람만이 맛볼 수 있는 것이 바로 '운'이고 '운칠기삼'인 것 같다.

리더가 되면
같은 말을 반복해라

리더가 조직에서 전략 방향을 바꿀 수 있는 방법은 반복되는 말과 행동이고, 이것이 지속되면 리더의 차별화된 경영철학이 되는 것이다.

필자가 총지배인으로 처음 부임했을 때 얘기다. 보통 총지배인으로 부임을 하면 각 부서별로 업무 보고를 받고 호텔의 각 시설들을 점검하게 되는데, 호텔 전체를 구석구석 돌아다녀보니 곳곳에서 청소 상태나 위생이 불량한 것을 발견할 수 있었다. 심지어 고객이 이용하는 공용구간에서도 쓰레기가 발견될 정도였다. 이에 하루 정도 날을 잡아서 대청소를 할까도 생각했지만, 뭔가 근본적인 대책이 필요하다는 생각에 청소와 청결에 대한 총지배인으로서의 철학을 지속적으로 강조하고 모범을 보이기로 했다.

호텔의 청결을 유지하려면 공용구간 청소를 담당하는 부서와 현장 직원들의 적극적인 청소 활동이 매일같이 이어지게 하는 것이 가장 중요했다. 그래서 나는 매일 팀장미팅 시간에 청소, 청결이라는 단어를 의식적으로 반복해서 말했다. 그리고 식당 등 영업 현장을 방문할 때마다 작은 쓰레기라도 눈에 띄면 직접 주어서 주머니에 넣고, 늘 흰색수건이나 휴지를 약간 적셔서 가지고 다니며 먼지가 쌓인 곳이 있으면 즉시 닦았다. 하루에도 몇 번씩 로비, 연회장, 식당, 사무실에서 그렇게 솔선수범하여 줍고 닦았다.

그렇게 반복해서 청소와 청결을 말하고 직접 행동으로 쓰레기를 줍는 모습을 보여주니 언제부턴가 팀장이나 지배인들이 눈치를 챘는지 내가 다니는 루트를 먼저 확인하여 청소를 해놓기 시작했고, 자발적으로 일주일에 한 번 대청소를 하기 시작했다. 또 청소를 하고 나면 팀장들이 먼저 청소 상태를 점검하고 부족하다 싶으면 팀장이 직접 나서서 청소하는 것으로 발전을 했고, 나중에는 눈에 보이지 않는 에어컨 안쪽까지 청소를 하는 등으로 발전해갔다.

필자가 쓰레기를 줍고 다니기 시작한 지 2개월 정도 지난 어느 날, 연회팀 지배인이 "우리 연회장은 이렇게 깨끗하게 청소했어요"라고 사진과 함께 카톡을 보내왔다. 그 카톡을 받자마자 해당 연회장을 찾아가 크게 칭찬을 해줬더니 이 소식을 접한 다른 연회장은 물론 식당, 심지어 각 식당의 주방들도 청소하는 사진을 보내오기 시작했다. 그리고 객실팀과 하우스키핑에서는 모든 객실을 1년 스케줄로 Deep Cleaning을 한다고 하루에 10개 객실을 정해 침대까지 들어내어 구석구석을 청소하기 시작했고, 그 모습 역시 매번 카톡으로 보내주었다.

3개월 후에는 호텔 전체가 깔끔하게 청소된 모습을 유지하기 시작했고, 고객들도 호텔이 너무 깔끔해졌다고 칭찬해주었다. 사장님도 "신임 총지배인이 오니깐 호텔이 정말 깨끗해졌다"며 "사람 하나 바뀌었다고 호텔이 이렇게 변할 수 있는 거냐?"고 치하해 주셨다.

이것이 바로 '리더의 말과 행동'이라는 것이다. 리더가 반복하는 말에 부하직원들은 신경 쓰게 되는 것이다. 그래서 리더의 반복된 말은 조직 전체를 바꿀 수 있는 것이고, 더 반복이 되면 그것이 리더의 경영철학이 되는 것이다.

리더가 뭐든지 바꾸고 싶은 것이 있으면 일관성 있는 같은 단어를 반복해서 말하고 지속적으로 행동으로 보여줘라. 그러면 조직은 자연스럽게 바뀌기 마련이다.

07

도전적인
발상의 전환

    회사생활에서 가장 많이 듣는 말 중에 하나가 "생각을 바꿔라", "반대로 생각하라"일 것이다.

    필자가 모스크바 호텔 부총지배인을 할 때였다. 당시 롯데 호텔이 모스크바의 도심 한가운데 최초의 해외호텔을 오픈한 것이었는데, 러시아에서는 롯데라는 브랜드는 너무나 생소했기 때문에 고정고객 유치가 최우선 과제였다. 일단 한번 호텔을 다녀간 고객은 서비스도 좋고 음식도 맛있고 잠자리도 편해서 다시 오고 싶다는 긍정적인 평가가 나오기 시작했는데, 이분들을 더 자주 오게 하는 방법이 뭐가 있을까를 고민하던 차에 생각해 낸 것이 한국의 웬만한 5성급 호텔이 시행하고 있는 '호텔멤버십'이었다. 한국 호텔에서 판매되는 멤버십은 대략 70~100만 원 선으로 호텔을 1년간 할인된 가격으로 이용할 수 있고, 1박 무료 숙박권, 식당은 10~25% 할인된 가격으로 이용이 가능하기 때문에 호텔을 많이 이용하는 고객들에게는 분명 이득이 되는 시스템이었다.

모스크바에서 처음 출시된 멤버십 상품은 정말 폭발적인 인기를 끌었다. 러시아에서 어느 정도 위치에 있는 부자라면 누구나 롯데호텔 멤버십 하나는 소유하고 있는 것이 자신의 지위를 상징하는 것이 되었고, 이런 고정고객들 덕분에 호텔 전체 매출의 30% 정도가 멤버십 회원에서 발생될 정도였다. 당시 가장 비싼 멤버십이 10만 루블_{약 4백만 원}이었는데, 한국에 호텔들이 대략 50~60만 원짜리 멤버십을 주로 판매한 것을 감안하면 상당히 비싼 가격임에도 불구하고 인기가 높았다.

이렇게 인기가 한창이던 어느 날 필자는 멤버십 담당부서 직원들을 모아 놓고 러시아에 최고 하이앤드_{High End}라고 할 수 있는 올리가흐_{Oligarch, 러시아 신흥재벌}들을 멤버십 회원으로 유치해 보자고 제안했다. 그때 필자가 제안한 멤버십은 1백만 루블_{한화 4천만 원}짜리로, 메인 혜택으로 1박에 2천만 원 하는 로얄스위트를 1박 무료 이용하고, 그곳에서 파티까지 할 수 있게 하자는 것이었다. 그러자 팀원들은 1백만 루블은 일반 직원들의 3년

치 월급에 해당하는 큰돈이고, 아무리 돈이 많은 올리가흐라도 구매하기는 어려울 것 같다며 극구 반대를 했다. 그래도 나는 실패를 해도 좋으니깐 꼭 해보자고 강하게 설득했다. 우선 멤버십 카드 디자인과 케이스를 최대한 럭셔리하게 만들기 위해 이왕이면 러시아에서 가장 유명한 디자이너와 목공 장인에게 의뢰해 보라고 지시를 했다.

하지만 러시아 직원들의 피드백은 너무나 오래 걸렸다. 나무 박스 하나 만드는데 6개월이나 걸렸다. 빨리빨리 문화에 익숙한 나로서는 정말 화병에 걸릴 정도였다. 그래도 믿고 기다린 결과 드디어 백만 루블짜리 로얄 멤버십이 만들어졌고, 판매는 호텔 홈페이지에도 올리지 않고 오로지 일대일 점조직으로 판매하게 했다. 왜냐하면 올리가흐는 말 그대로 최고의 재벌들로 직접 만나기도 어렵고 일반 홍보 채널로는 연락하기도 불가능했기 때문이다. 판매를 시작한지 얼마 되지 않아 드디어 첫 번째 회원이 나타났고, 그분이 호텔에 오실 때에는 로비에 붉은 카펫을 깔고 필자가 직접 로비에 나가 영접을 했고, 그분이 방문하는 모든 업장에서도 국빈과 동일한 수준의 예우를 하게끔 했다. 보통 5성급 호텔에서는 국가 정상이 호텔에 도착할 때와 떠날 때 붉은 카펫을 깔게 되는데, 그와 동일한 수준으로 로얄 멤버십 회원에게 예우를 한 것이다.

이러한 최고의 서비스가 입소문이 나면서 나중에는 20명의 Royal Club Member를 유치할 수 있었다. 이분들이 호텔에서 식사를 한 번 하면 2만 불 정도의 매출이 나올 정도였고, 로얄 스위트에서 숙박할 때도 1박만 하는 것이 아니고 보통 3박 정도를 했다. 호텔 전체 매출에 이분들이 기여한 정도는 말할 것도 없다. 실제 한국에서는 1년에 한 번 팔릴까 말까할 정도로 비싼 로마네꽁띠 풀세트를 가장 많이 파는 호텔이 되었다.

필자가 본사로 복귀를 한 후에 러시아 루블의 가치 하락으로 이 멤버십의 가격을 2백만 루블로 올렸다고 하는데, 이 Royal Club의 파급 효과는 실로 엄청나서 러시아 최고의 럭셔리 호텔이 되는데 결정적인 역할을 해주었다.

호텔은 끊임없이 노력하고 고객을 잘 모시고 마케팅 활동을 제대로 한다면 안정적인 영업과 매출을 얻을 수 있다. 하지만 진정한 'Luxury 레벨'로 올라서기 위해서는 이러한 최상류 고객들이 계속 찾는 호텔이 되어야만 한다. 당연히 호텔의 시설은 최고이어야 하고 최상류 고객들의 눈높이에 맞는 서비스를 제공해야 한다. 이런 서비스는 그냥 잘한다고 될 게 아니고, 뭔가 발상의 전환을 하고 끊임없이 도전하는 자세를 가져야만 나오게 된다.

고객은 정성을 다해야 감동한다

서울 호텔의 총지배인으로 부임했을 때, 서울 지역의 호텔 중 TripAdvisor 순위가 30위권 밖에 위치하고 있었다. TripAd-visor는 고객이 호텔 이용후기를 앱에 올리면서 이용평가에 준 점수로 순위를 매기는데, 5점짜리 베스트 후기를 얼마나 많이 받는지에 따라 순위가 결정된다. 이 순위는 매주 발표되는데 우리 호텔이 서울 지역에서 30위권 밖에 위치해 있다는 것은 말 그대로 호텔 서비스가 형편없다는 것을 의미했다. 고객들이 호텔을 선택할 때 이런 후기를 많이 참고한다는 점을 고려할 때 순위를 끌어올리는 것이 매우 시급했다.

일단 순위를 올리려면 무조건 5점 만점의 베스트 후기가 있어야 한다. 그리고 만약 하나라도 1~2점짜리 후기가 올라오면 여지없이 순위가 떨어지는 방식이라 계속해서 서비스 품질을 최상으로 유지하는 것이 중요했다.

이에 필자가 낸 아이디어는 객실 이용 고객 중 하루에 10명씩 '감동고객'을 선정하여, 최소한 이분들 만큼은 사전에 니즈를 분석하고 정성을 다해 이분들이 깜짝 놀랄 정도로 감동시켜 드리자는 것이었다.

일단 '감동고객' 대상은 생일을 맞은 고객, 어르신을 동반한 고객, 아이들과 함께 호텔을 찾은 고객, 신혼부부, 결혼기념일 고객, 몸이 불편한 고객, 그리고 우리 호텔을 처음 방문한 고객을 우선 선택했다. 그리고 감동 서비스로는 생일을 맞은 고객에게는 예약한 객실보다 한 단계 업그레이드해서 사전에 준비하고, 총지배인의 친필 카드를 객실에 비치하고, 객실 창문에 생일 축하 문구를 걸어두고, 고객이 체크인을 하고 객실에 올라가면 바로 직원들이 케이크를 들고 올라가 축하 인사와 함께 노래를 불러주고, 다음 날 조식은 주방장이 직접 미역국을 준비해서 서빙해 주기로 했다. 또 어르신을 동반한 고객에게는 미리 전화를 해서 어르신이 원하는 베개와 이불로 세팅해 놓고, 객실 창문에 건강하시라는 메시지를 걸어 두고, 식사하실 때에는 어르신의 고향까지 확인해서 고향의 음식을 제공해 드리기로 했다.

이런 식으로 하루에 10명의 감동고객을 선정하여 모든 정성을 다해 서비스를 제공했다. 그러자 반응이 바로 나타났다. 호텔의 깜짝 서비스를 받은 고객들은 감동 후기를 올리기 시작했고, 그렇게 하루에도 몇 개씩 베스트 후기가 올라오게 되었다. 그 결과 총지배인으로 부임한지 7개월 만에 우리 호텔은 TripAdvisor 순위 30등에서 '1등'으로 올라서게 되었다.

객실팀의 노력으로 이룬 엄청난 성과는 식음팀으로 전파되었다. 식음팀이 주목한 것은 창문에 그림 그리기였다. 객실팀을 벤치마킹해 생일고객, 어르신 동반 고객, 각종 기념일 고객들을 대상으로 창문에 축하메시지를 그리기 시작하더니 나중에는 그림을 더 예쁘게 그릴 수 있도록 레스토랑별로 전담 직원까지 운영하였고, 주방의 셰프들도 특별메뉴를 만들어 고객에게 직접 드리기 시작했다. 이렇게 지속하다 보니 레스토랑의 달라진 서비스에 감동한 고객들이 감동 후기를 올리기 시작했고, 이를 본 사람들이 결혼기념일, 부모님 생신 등을 우리 호텔에서 하려고 몰려들었다. 감동받은 고객들은 주로 네이버에 베스트 후기를 올렸고, 급기야 네이버 전국 식당 평점의 최고 순위는 우리 호텔의 레스토랑들이 독차지하게 되었다.

결국 우리 호텔의 서비스는 최고가 되었다. '고객만족'은 기존 우리 호텔이 가지고 있는 저력의 매뉴얼과 SOP_{Standard Operational Process} 만으로도 가능했지만, '고객감동'은 매뉴얼이 아닌 직원의 정성이 있어야만 가능한 것인데, 직원들의 정성어린 서비스 덕분에 고객감동의 서비스 1등을 이뤄낸 것이다.

그 결과 우리 호텔은 2019년 최고의 매출을 경신하게 되었고 필자가 퇴임한 이후에도 이 서비스는 지속되어 2022년 코로나 상황에서도 호텔 전체로도, 식당별로도 다시 최대 매출을 경신했다.

09

얼굴에 '긍정'을
그려 넣자

저마다 고유의 표정을 가지고 있다. 늘 찡그리고 있는 사람, 멍 때리는 사람, 화난 것 같은 사람, 여러 가지의 유형이 있다.

회사에서 결재서류를 들고 오는 팀장들은 늘 비서에게 "총지배인님 오늘 컨디션 어떠세요?"라고 물어보고 컨디션이 좋다고 할 때만 들어오는 것 같았다. 아마도 비서는 내 얼굴을 보고 오늘의 컨디션이 어떤지 짐작을 했을 것이다.

우리는 평소 자기 얼굴이 어떤 표정을 짓고 있는지 잘 모르는데, 한번 회사 출근할 때 환하게 웃고 출근해 보자. 아마도 동료들이 먼저 "오늘 무슨 좋은 일 있나봐?"라고 인사를 할 것이다. 또 주변 사람들과 말 없이 대화를 해보자. 말 없이 대화를 하려면 온갖 표정으로 하고 싶은 말을 하게 되는데, 의외로 대화가 잘 통하고 어느 때보다 더 많은 대화를 할 수 있다는 것을 알게 된다. 그래서 사람의 인생에서 모든 정보는 입을 통해 나오지만, 자기의 감정을 구체적으로 표현하는 것은 얼굴의 표정이라고 봐야 한다.

출근할 때 자기 얼굴에서 나오는 표정이 오늘 하루를 대하는 자신의 자세가 되는 것이다. 그동안 출근할 때, 사무실에 들어갈 때, 회의에 들어갈 때, 내가 어떤 표정을 지었는지 생각해보자. 표정을 긍정적으로 바꾸지 않고 아무 생각 없이 들어가게 되면 나의 의지와 상관없이 나를 지켜본 상사, 부하들은 나에 대한 이미지를 고정하게 되는데, 한번 고정된 이미지를 다시 바꾸기는 정말 힘들다.

사실 대부분의 사람은 자신의 표정이 어땠는지 살펴본 적이 없기 때문에 어떤 문제가 있는지도 모른다. 그렇다고 거울에 비친 환한 표정을 계속 의식하며 지내기도 어렵다. 그렇다면 어떻게 해야 할까? 우선 매일 집을 나올 때부터 환한 미소로 아내에게 먼저 사랑한다고 얘기하고, 회사에 출근할 때는 자기 인생에서 가장 즐거웠던 기억을 떠올려보자. 그러면 자기 얼굴의 표정이 어떻게 바뀌었는지를 어느 사이에 주변 사람들과의 대화 속에서 확인할 수 있을 것이다. 그러면 내 얼굴에 긍정적인 이미지를 입힐 수 있는 것이다.

우리가 아무 의미 없이 표현하는 몸짓과 행동도 정말 중요하다. 예전에 필자의 선배 한 분은 나에게 전화를 할 때 꼭 비서를 통해 전화를 하곤 했었다. "본부장님이 전화를 원하시는데 바꿔 드리겠습니다."라고 매번 비서가 전화를 하는데, 그때마다 정말 기분이 나빴었다. 내 핸드폰 번호도 알고 그냥 직접 전화를 하면 될 텐데 꼭 비서를 통할 때마다 "자기가 그렇게 높은 사람이야?" 생각이 들었고 통화를 하면서도 내내 기분이 상했었다. 정말 그건 예의가 아닌 것이다. 또 어떤 지방 호텔의 총지배인은 본인이 출퇴근할 때마다 팀장들이 호텔 입구에 도열을 해서 영접을 하게 했었다고 한다. 그러다 보니 팀장들은 고객을 만나다가도 총지배인의 출퇴근 시간을 확인해야만 했다. 결국 이러한 일방적인 상하관계는 권위주의가 만연한 조직을 만들었고 고객이 우선이 아닌 총지배인이 우선인 호텔이 되었다. 고객 서비스는 당연히 엉망이 되었다.

회의 자리에서 팔짱을 끼고 있는 상사 앞에서는 좋은 아이디어가 나오기 힘들고, 늘 화를 내는 상사에게는 충성을 다하는 직원이 있을 리 없고, 수시로 손가락 짓을 하는 상사에게 직언하는 부하는 사라지게 마련이다. 리더의 잘못된 표정, 말투, 몸짓이 회사를 망칠 수도 있다는 것을 명심해야 한다.

동료와 소통을
잘하려면

    호텔은 건설 현장도 제조 현장도 아니라서 직원들의 안전사고가 많지 않을 것으로 생각할 수 있지만 사실은 그렇지 않다. 식당에서 뜨거운 물을 옮기다가 화상을 입는 경우도 있고, 중식당 주방에서는 불이 기름에 옮겨 붙는 경우도 있다. 또 음식을 서빙하다가 접시를 놓쳐 고객이 봉변을 당하는 일도 발생한다.

    필자가 총지배인 시절에는 사소한 사고라도 발생하면 필히 현장을 방문해서 그 원인을 꼼꼼히 확인하고 담당 지배인이나 조리장들에게 잔소리를 많이 했었다. 또한 같은 사고가 재발하지 않도록 방지 대책을 확실히 세우고, 안전 물품이나 관런 시설에 대한 투자도 아낌없이 했다. 그리고 사고 경위와 방지 대책을 반드시 노조에게 보내 공유를 했고 중대사건의 경우에는 노조위원장에게 직접 설명을 했다. 사고로 다친 직원들은 직접 찾아가 만나거나 전화를 걸어 미안하다는 말을 해주고 대책 방지에 대해서도 꼼꼼하게 알려주고 그 진행 결과도 피드백 해주었다. 치료비는 물론이고 영업지원 직원을 1대 1로 붙여서 병원에 가게 했고 치료가 끝나면 집에까지 데려다 주게 했다.

어느 여성 식음지배인 한 명이 암에 걸려 휴직계를 내었을 때는 사비로 병원비에 보태라고 주고 월례조회를 통해 전 직원이 일심으로 이 지배인의 회복을 위해 다 같이 기도하자고 얘기하고 회복 기원 메시지 보내기 운동을 펼치기도 했다. 당시 수많은 직원이 전화나 메시지를 보내 힘을 보태고 개인적으로 돈을 보낸 직원들도 많았다. 필자는 카카오톡 프로필에 "살아서 돌아오라"는 메시지를 올려놓고 1년 동안 바꾸지 않았다.

또한 새로운 프로젝트를 시작할 때에는 먼저 노조에게 구체적으로 설명을 해서 이해를 구했고, 노조에서 지적하는 직원들의 불편사항은 항상 즉각 조치를 취했으며, 호텔의 매출이나 영업이익 등 영업 정보는 월례조회를 통해 구체적으로 설명을 했다. 아울러 부서별로 진행되는 회식자리는 한 번도 빠지지 않고 참석하여 찬조금은 물론이고 끝까지 남아 함께 어울리며 커뮤니케이션을 했다.

현장에서 동료와의 커뮤니케이션은 그냥 되는 것이 아니다. 리더가 자세를 낮춘다고 위엄이 손상되는 것도 절대 아니다. 직원은 늘 우리의 식구라고 생각하고 같이 호흡해야 하고, 직원의 즐거움과 때론 어려움도 같이 해야 끈끈한 팀워크가 형성되고 즐거운 일터가 되는 것이다.

회의 시 커뮤니케이션 확인 방법

　회사에서 정말 많이 하는 것이 회의다. 별의별 회의가 다 있지만 의외로 회의를 한 후에 나의 말을 다르게 해석하는 직원들을 많이 볼 수 있고, 나의 의견과 전혀 다른 내용의 보고서를 가져오면 그것만큼 당황스러운 것도 없다. 그만큼 내가 불투명하게 회의를 진행했고 정확히 표현을 못한 탓일 수도 있을 것이지만 그만큼 같은 말을 하는데도 각자의 가치관과 업무 성격에 따라 해석이 전혀 다를 수 있는 것이다.

　그래서 회의를 통한 정확한 내용 공유와 나의 업무 지시를 다시 확인하는 방법이 하나 있다. 그것은 회의에 참석한 막내에게 물어보는 것이다. 자네는 "오늘 회의를 어떻게 들었지?"

라고 물어보고 맞는 말을 하면 "나보다 더 잘 알고 있네. 바로 그거야."라고 끝내면 되고 포인트가 맞지 않거나 다른 얘기를 하면 그 직원이 말한 것을 다시 수정을 해주고 끝을 내면 되는 것이다.

별거 아닌 것 같지만 회의의 결과나 업무 지시는 항상 명확하게 하여야 모든 구성원이 동일하고 일관된 방향으로 갈 수 있기 때문에 회의에 참석한 막내에게 확인하는 것이 정말 좋은 방법이라고 생각한다.

죽어라 노력했다면
직접 따져라

    필자가 상사가 되고 나서 바꾼 생각 중에 하나는 "우는 아이에게 떡 하나 더 준다"는 것이다. 야생의 세계는 더욱 그렇다. 이제 막 알에서 깨어난 새끼 새는 어미가 가져다주는 먹이를 서로 먹으려고 주둥이를 벌리는데 가장 적극적으로 주둥이를 내미는 새끼가 먹이를 더 많이 차지하게 되고 먼저 성장하여 야생의 세계에 더 일찍 적응하게 된다.

    마찬가지로 많은 부하직원을 거느린 상사에게는 결국 더 적극적으로 업무에 임하고 더 높은 성과를 내는 직원이 눈에 띄기 마련이며, 당연히 더 빨리 승진의 기회를 주게 되는 것이다. 그런데 나는 정말 죽어라 일을 했다고 자부하는데 승진에서 누락되거나 해외지사에서 근무할 수 있는 기회 등에 떨어지면 상사에게 제대로 어필을 못해서 그럴 수 있다. 상사 입장에서도 우는 직원에게 떡 하나 더 주는 것이 인지상정인 것이다.

필자가 총지배인이었을 때 Nationality Mix 분석을 해보니 미국인의 실적이 많이 떨어지고 미국대사관의 객실 판매 실적이 저조했던 적이 있었다. 당시는 롯데그룹이 소유하고 있던 경북 성주의 골프장을 미군의 사드기지로 제공하고 난 후 중국으로부터 제재를 받기 시작했던 시기라서 중국인의 매출이 끊기는 바람에 매출에 엄청난 타격을 입던 때였다.

이대로는 안 되겠다 싶어 필자는 미국대사관에 H.E. Harry Harris 대사를 만나고 싶다고 연락을 넣었다. 하지만 일개 호텔의 총지배인이 만나자고 해서인지 아무런 피드백도 없었다. 하는 수없이 아는 지인을 모두 뒤져 미국 대사가 하와이에서 해군 사령관으로 근무할 당시 호형호제할 정도로 친했던 모 대학의 총장을 통해 다시 연락을 했고 드디어 약속을 잡을 수 있었다.

그렇게 미국 대사를 만나 단도직입적으로 얘기를 했다. "미국은 동료 의식이 없는 것 같다", "한국에는 결초보은이라는 말이 있는데 한 번 은혜를 입었으면 끝까지 그 은혜를 갚는다

196

는 것이다", "대한민국의 롯데가 미군에 사드기지를 제공했다는 이유로 중국 정부가 롯데호텔 이용을 보이콧 하는 바람에 우리는 이렇게 힘든데 왜 미국은 아무런 지원을 하지 않느냐", "우리 호텔은 중국인 매출이 아예 없어져서 엄청난 타격을 입고 있으니 미국대사관이라도 우리 호텔을 사용해 달라"고 솔직하고 당당하게 얘기를 했다.

내 말에 틀린 말은 하나도 없었고 미국 대사도 충분히 공감하는 분위기였다. 그 이후로 미국에서 출장 오는 고위공무원의 객실 사용 실적은 올라갔고, 미국대사관 차원의 호텔 이용이 늘기 시작했고, 대사 본인도 외부 식사를 할 때에는 우리 호텔의 식당을 자주 이용하기 시작했다.

미국 대사가 볼 때 필자는 일개 호텔의 총지배인에 지나지 않겠지만, 나름 롯데그룹을 대표하는 인물이라고 생각하여 그렇게 당당하게 말할 수 있었던 것이다. 만약 내가 이렇게 말하지 않았다면 미국대사관에서는 우리 호텔의 어려움을 전혀 인식하지 못했을 것이다. 나중에 들은 얘기지만 그 어떤 호텔의 총지배인도 미국 대사를 찾아와 이렇게 당돌하게 고개를 빳빳이 들고 얘기하는 사람은 없었다고 한다.

자기 이름을
걸고 해라

호텔의 다양한 상품 중에 일반 소비자가 쉽게 접할 수 있는 것 중에 하나는 베이커리의 빵과 케이크이다. 특히 케이크는 전문 셰프들이 만든 것으로 맛이나 브랜드가 매우 높다.

호텔 전체 매출에서 케이크 판매 매출이 차지하는 비중은 많지 않지만, 그 어느 제품보다 케이크의 맛과 품질이 호텔의 격을 나타내기 때문에 많은 호텔들이 신경을 많이 쓴다.

필자도 어떻게 하면 우리 호텔의 케이크 품질을 높일 수 있을까를 많이 고민했다. 그러다 도입한 것이 그 케이크를 만든 셰프의 이름과 얼굴을 공개하는 것이었다.

베이커리 매장 앞에 셰프의 사진과 이름을 세워놓고 팔게 했다. 마침 그 셰프는 세계경진대회에서 금메달까지 땄던 케이크 명장이었기 때문에 홍보하기도 좋았고, 셰프가 직접 고객들을 만나서 설명하는 시간도 가졌으며, 한 달에 한 번은 도전적인 케이크도 만들어서 장식도 하고 실제로 판매도 하게 했다. 그 셰프에게 본인의 이름을 걸고 만들어 보라는 주문을 했기 때문에 셰프는 만드는 케이크를 더욱 신경 써야 했다. 그로부터 얼마 되지 않아 케이크 판매가 늘어나기 시작했다. 언론 홍보도 많이 했기 때문에 우리 호텔의 케이크 지명도도 올라가기 시작했다. 도전적인 케이크가 나올 때마다 언론의 호평과 함께 그 셰프의 인터뷰 기사도 많이 나오기 시작하더니 결국 대한민국 최고의 케이크를 만드는 스타 셰프로 자리매김하게 되었다.

또한 필자가 총지배인으로 부임해서 보니 호텔에서 판매하는 많은 와인 중에 우리 호텔만의 와인이 없다는 것을 알게 됐다. 호텔의 역사와 전통을 자랑하면서 호텔 이름을 걸고 만든 와인 하나 없다는 것은 총지배인인 나로서는 이해가 되질 않았다.

그래서 우리 호텔만의 와인을 만들자고 의견을 냈는데, 담당 팀장의 반응이 썩 좋지 않았다. 와인병에 호텔 이름을 새기려면 최소한 3천병 이상을 구매해야 하는데, 보관할 공간도 마땅치 않고 그렇게 많은 와인을 제대로 판매할 수 있을지도 모르겠다는 것이었다.

　나는 담당 팀장에게 어차피 고객들은 와인을 주문할 때 "좋은 와인 뭐 있어요?", "하우스 와인 있으면 그거 주세요?"라고 하지 않느냐, 어차피 호텔에서도 매년 하우스 와인을 지정해서 팔고 있고 실제로도 하우스 와인의 판매가 가장 많지 않느냐며 한번 해보자고 설득을 했다. 그리고 평소 친하게 지내던 H.E. Alfredo Bascou 아르헨티나 대사를 만나 상의를 했다. 내 얘기를 들은 대사는 대찬성을 했다. 그러면서 같은 남미지역 국가들 중 워낙 칠레산 와인이 한국에서 많이 팔리고 있어서, 아르헨티나 대사로서 아르헨티나산 와인을 한국에 적극 홍보해야 하는 입장이었는데 만약 우리 호텔만 좋다면 자기가 직접 나서서 도와주겠다는 거였다. 그렇게 해서 Catena Zapata라는 와이너리를 소개받았고, Catena Zapata 측에서는 Malbec 품종의 와이너리 2개에서 나오는 최고급 원액을 섞어 우리 호텔 와인으로 만들고 거기에 호텔 이름뿐만 아니라 와이너리 Founder인 할아버지 이름도 같이 넣어서 한층 격을 높여서 출시하겠다고 했다. 필자도 평소 Malbec 품종의 와인을 좋아했기 때문에 나름 괜찮은 와인을 만들 수 있을 것 같았다. 몇 주 후에 샘플을 전달받았고 담당 팀장과 소믈리에들을 전부 불러 시음을 해보니 풍미가 좋고 맛도 깊은 것이 정말 좋았다. 그렇게 해서 롯데호텔 공식 지정 와인 3천병을 주문했었다. 이윽고 와인이 도착하여 로비에 전시를 하고 각 식당에서 판매를 시작했었다.

롯데호텔 공식 지정 와인의 반응은 정말 폭발적이었다. 호텔 공식 와인이라고 하니 믿고 마셔보는 고객이 대부분이었고 모든 분들이 맛이 정말 좋다고 평가를 해주었다. 그렇게 불과 10개월 만에 3천병을 다 팔게 되었다.

이렇듯 어떠한 프로젝트를 맡아서 할 때에 직원의 이름을 걸게 하거나 또는 자기의 이름을 걸고 해보라고 적극 추천하고 싶다. 이름이 걸리면 우선 자세가 달라지고 책임감이 커지게 된다. 당연히 지금보다 더 나은 품질의 제품이 탄생할 수밖에 없게 된다.

부자에게도
꿈이 있을까?

　철없던 중학교 시절 남들보다 가난한 우리 집을 볼 때마다 왜 우리는 못살지? 아버지는 왜 돈이 없지? 나도 재벌 집 아들로 태어났으면 하는 원망을 가졌었다.

　그런데 나중에 나이가 들어 돌이켜보니 그런 가난한 환경 덕분에 더 열심히 살게 된 것 같았다. 책 한권 사주는 것을 모르셨던 부모님 덕분에 나는 중학교 도서관의 책을 남들보다 더 많이 읽게 되었고, 가난한 집에 태어나 어렵게 자라왔기 때문에 남들보다 더 저축하려고 했었고, 결혼할 때 집에서 전혀 도움을 못 받은 탓에 내 집을 빨리 마련하고자 남들보다 열심히 일하는 계기가 되었던 것이다.

내가 만약 재벌 집 아들로 태어났다면 명품 옷을 걸치고 고급 자동차를 타고 좋은 집에서 살았겠지만, 별다른 노력 없이 이미 다 가졌기 때문에 '성장'이라는 꿈을 갖지 못했을 것 같다. 오히려 망나니로 살았을 수도 있을 것 같다.

화제의 드라마 '글로리'에서 모든 것을 다 가진 박연진이 문동은에게 한 말이 있다. "꿈이라는 것은 너희 같은 애들이 갖는 거야. 나 같이 다 가진 사람에게는 필요 없는 게 꿈이야." 어떻게 보면 맞는 말인 것 같기도 하다. 다 가진 사람들에게는 정말 꿈이 없을까?

필자는 한 번도 다 가져 본 적이 없어서 꿈을 가질 필요가 없다고 말할 수 없다. 하지만 이미 다 가진 부자들에게는 더 큰 꿈이 있을 수 있다. 소위 재벌그룹의 총수들을 보면 계속 성장을 하려고 신규 사업에 투자를 하고 엄청난 노력을 하는 것을 보면 잘 알 수 있다. 부자들도 사람에 따라 다를 수 있다고 본다.

동일한 관점에서 보면 가난한 흙수저 출신이라도 어떤 사람은 꿈도 없이 아예 포기를 하는 반면, 꿈을 만들고 그 꿈을 향해 끊임없이 노력하는 사람도 있다. 분명한 것은 꿈을 가진 사람이 더 행복해질 확률이 높다는 것이다. 다만 꿈을 이뤄가는 과정에서 겪게 되는 고통, 때론 더럽고 치사한 경우도 견뎌

내야만 성공이라는 행복한 성취감을 느낄 수 있는 것이고, 그것이 인생의 커다란 묘미가 되는 것이다.

'개혁改革'의 사전적 의미는 "제도나 기구 따위를 새롭게 뜯어고침"이지만 글자 그대로 한자 뜻을 풀어보면 "피부를 벗겨 새롭게 바꾼다"라는 뜻이다. 개혁을 하려면 피부를 벗겨 내는 것처럼 아프고 고통스러운 것이고 개혁에 성공하려면 그 고통을 참아내야 하는 것이다.

만약 내가 부잣집 아들로 태어났다면 더 큰 꿈을 가질 수 있었을 것 같고, 다 가진 상태에서 쉽게 출발했을지는 몰라도 가난한 집에 태어난 나처럼 개혁 수준으로 독하게 노력을 하지는 못했을 것 같다. 그런 의미에서 현재의 내 나이에서 바라볼 때 가난한 집에 태어난 것이 오히려 잘된 일인 것 같다. 내가 꾸었던 꿈보다 더 큰 꿈은 내 자식들이 대신 꾸고 달성해 줄 것으로 믿는다.

못된 상사를 만나면
내가 성장한다

    1998년 IMF 시절, 필자는 객실 세일즈맨으로 일하고 있었다. 최악의 경제 상황으로 외국 관광객은 물론 비즈니스맨, 바이어 등의 한국 방문은 거의 중단되다시피 했고 호텔의 객실 판매는 곤두박질쳤다. 그런 상황에서 영업을 활성화할 판촉 전략을 만들어 보고하라는 지시가 판촉팀장으로부터 하루가 멀다 하고 내려졌다.

    당시 필자는 팀에서 유일하게 워드, 엑셀, PPT 등 PC 작업을 할 줄 알기 때문에 팀장 보고, 총지배인 보고, 사장님 보고 등 모든 보고자료 작성을 도맡아 하고 있었다. 과장 이하 세일즈맨들이 머리를 맞대 아이디어를 내면 혼자 남아서 저녁

늦게까지 때론 밤을 새워가며 20~40장짜리 보고서를 만들어야만 했다. 그렇게 밤을 새워 만든 보고서를 과장에게 보고하면 다시 수차례 수정을 한 후 팀장에게 보고를 했는데, 그 팀장은 또다시 20번 정도 수정을 하곤 했었다. 본인의 마음에 들 때까지 무한정으로 수정을 하는 스타일이었는데, 보통 총지배인 보고 30분 전까지 계속 수정 작업을 시켰었다. 그렇게 주간, 월간, 분기별 총지배인 보고, 사장님 주관 각종 회의까지 필자는 정말 밖에 한번 나가보지도 못하고 1년 내내 보고서 작성에 시달려야 했다. 또 그 팀장은 정말 고약한 습성을 하나 더 갖고 있었는데, 아침에 보고서를 보여주면 하루 종일 거들떠도 안 보다가 퇴근시간이 지나서 보기 시작해서 꼭 저녁 8시 이후에 수정사항을 지시하는 것이었다. 그러면 필자는 하는 수 없이 밤을 새워 수정해야 했고 다시 다음 날 아침에 전달을 하면 또 다시 저녁에 수정사항을 전달해주는 일이 반복되었다. 더 기가 막힌 건 수정사항을 지시하면서 늘 영어로 욕을 하는데 정말 참을 수 없을 정도의 모욕을 느끼기 일쑤였다.

그렇게 못된 성격의 팀장에게 불평 한마디 못하고 참고 견딜 수밖에 없었던 어느 날, 팀장이 발령이 나서 본부 호텔의 판촉팀장으로 이동한다는 것이었다. 정말 세상에 이렇게 기쁜 소식이 있을까 싶었다. 결국 회사생활 중에 가장 못된 상사에게서 나를 구해 준 것은 시간이었고 회사의 발령이었다.

그 팀장은 발령받은 호텔에서도 똑같은 짓을 하다 결국 부하직원들이 들고 일어섰다는데, 그 말을 듣고 곤욕을 치르고 있을 그 팀장의 모습이 얼마나 고소했는지 모른다. 그런데 그 팀장이 팀원들에게 "조종식은 내가 하라는 대로 다 했는데 왜 너희들은 못 하냐"고 혼을 냈다는 것이다. 심지어 "본인이 좋아하는 형식의 보고서 샘플은 조종식이 다 가지고 있으니 가서 배워오라"고 지시까지 했다는 것이었다. 그 뒤에 들은 말인데 그 팀장은 가는 곳마다 나에 대한 칭찬을 그렇게 하고 다녔다고 한다. 아마도 다른 곳으로 발령받은 후에야 비로소 아무리 혼내고 욕을 해도 아무 군소리 없이 보고서를 만들어줬던 내가 그리웠던 것 같다. 그 후로 그 팀장은 회사에 특별 프로젝트가 생겨 Task Force 팀을 구성할 때마다 나를 적극 추천했다는 후문이다.

돌아보면 그 팀장과 함께한 시간이 나에게는 큰 도움이 되었다. 그 누구보다 보고서, 영문레터 만큼은 잘 만들 수 있는 실력이 생겼고, 일주일에 3~4일을 야근하는 바람에 "조종식하면 일 하나는 죽어라 하는 직원"으로 소문이 나게 되었다. 그 덕분에 인사철이 되면 나를 데려가려는 부서가 7~8개는 될 정도로 인기가 많았고, 승진 심사 때마다 한 번도 누락되지 않고 진급을 할 수 있었다. 심지어 내가 책상에 엎드려 자고 있다가 상사에게 들켜도 나를 혼내기는커녕 팀장에게 "저 친구 너무 부려먹는 거 아니냐?"고 오히려 팀장을 혼낼 정도가 되었다.

회사에서 못된 상사를 만나도 그 시련의 기간은 그렇게 길지 않다. 다 시간이 해결해 줄 수 있다. 그리고 그 시련을 견딘 만큼 더 성장할 수 있는 기회가 될 수 있다는 것을 잊지 말자.

16

회사는 6개월도
기다려주지 않는다

처음 승진해서 팀장이 되거나 임원이 된 후배들에게 또는 이직을 해서 새로운 회사로 가는 후배들에게 늘 해주는 말이 "3개월 내에 승부를 내서 반드시 성과를 보여줘야 한다"는 것이다.

회사가 승진을 시키고 새로운 일을 맡겼을 때는 나에게 앞으로 새로운 성과를 기대하고 있다는 의미이다. 회사는 그 기대감을 가지고 승진자가 업무를 어떻게 발전시켜 나가는지 지켜볼 뿐 아무 말도 하지 않는다. 승진한 사람은 처음 맡은 보직이니 충분한 적응 기간을 가져야 한다고 생각할 수 있지만 현실은 그렇지 않다. 경험이 많은 회사와 상사는 그동안 사람을 워낙 많이 써봤기 때문에 초반 몇 개월 일하는 것만 봐도 대충 짐작을 한다. 잘 승진시켰는지 평가를 하고 괜찮을 것 같으면 놔두고 그렇지 않으면 서서히 잔소리를 하기 시작한다. 왜냐하면 회사의 성과가 중요하기 때문에 마냥 기다릴 수 없는 것이다.

그만큼 회사나 상사는 절대 기다려주지 않는다. 만약 당신이 팀장이나 임원이 되었다고 하면 정말 분초를 다투듯이 서둘러서 업무를 파악하고, 본인만의 중·단기 전략을 만들어 성과 창출을 위해 즉시 실행해야 한다. 우선 가시적인 성과가 나올 단기 목표에 집중하여 자신의 실력을 입증해야 하고, 그런 후에 중기 목표에 대해 실행해 나가야 한다.

나도 이제 팀장이 되고 임원이 되었으니 좀 쉬고 즐기면서 회사를 다녀야겠다는 생각은 아예 꿈도 꾸지 말아야 한다. 그야말로 팀장은 성과를 내야만 임원이 될 수 있는 것이고, 임원은 성과를 내지 못하면 계약 연장을 장담할 수 없는 파리 목숨일 뿐이다. 실제 국내 대기업의 신임 임원의 절반 정도가 2년 만에 퇴사를 한다고 하며, 평균 근속연수는 5년도 채 되지 않는다고 한다. 그만큼 어려운 자리인 것이다.

3개월 내에 승부를 내야 한다. 회사와 상사는 절대로 6개월도 기다려주지 않는다는 것을 명심하자.

17

버림과 버팀의 미학

회사는 오직 이익 창출을 위해 존재하는 이익집단이다. 그 안에서 일하는 사람들은 자신의 노동력을 제공하고 급여를 받는다. 이익이 많이 발생하면 일부는 신규투자나 경상투자를 위해 남겨두기도 하지만 주주에게 이익을 배당하거나 직원들에게 초과이익을 분배하기도 한다.

회사의 이익 구조가 늘어나면 규모를 늘리고 인력을 충원하는 반면, 적자 구조에 처해 있거나 경제위기, 불경기가 오면 먼저 인력을 최소화하여 기본 경비를 줄이고 손실을 줄이려고 노력한다. 왜냐하면 회사는 이익 창출이 되지 않으면 의미가 없기 때문이다.

최근 코로나로 인해 많은 회사들이 도산, 폐업, 업종전환 등을 했고 끝까지 버틴 회사들도 필요 인력을 최소화했다. 이런 상황에서 회사는 인력 감축을 얼마나 효과적으로 하느냐, 비생산적인 인력을 얼마나 최소화할 것이냐가 최우선 관심사가 되겠지만 직원 입장에서는 어떻게 해야 회사가 분류한 필수 인력으로 포함될 것인지가 주요 관심사일 것이다.

최근 많은 대기업에서는 임원들을 퇴임시키고 팀장들도 보직에서 해임하여 일반직원으로 내려 보내는 등 스스로 회사를 그만두게 하는 추세라고 한다. 물론 명예퇴직을 유도하기도 하는데 이는 모두 인건비 총액을 줄이기 위한 노력의 일환이다. 이와 함께 젊고 능력 있는 직원들에게 기회를 더 빨리 줘서 조직 내에 젊은 기운을 불어넣겠다는 의도도 담겨 있다.

앞으로도 회사는 조직을 보호하기 위한 조치로 인력의 세대교체를 지속할 것이므로, 직원들은 그 교체 대상에 포함되지 않기 위해 노력을 해야 하는 것이다.

그렇다면 어떻게 해야 버틸 수 있을까? 회사의 입장에서 보면 그 답이 보인다. 회사는 대체 가능한 인력은 쉽게 버린다. 하지만 꼭 필요하고 없어서는 안 될 인력은 절대 버리지 않는다. 즉 실력과 기술, 업무 노하우 등을 보유해 맡은 분야에서 최고가 된 사람은 회사가 망하지 않는 한 절대 버리지 않는다.

오히려 우리 회사에 오래 다니게 대우를 해준다.

신입사원이든 중견사원이든 지금 당장 피나는 노력을 통해서 실력을 갖춰야 한다. 그래야만 급변하는 경영 환경에서 살아남을 수 있고, 나이 들어서도 인정받으며 회사생활을 이어갈 수 있는 것이다.

세상에 버릴 만한
사람은 없다

필자가 예전에 모셨던 분이 지녔던 사람을 다루는 리더십과 인격에 대해 얘기하고 싶은 게 있다. 이분은 바로 이 리더십으로 그룹의 고위층까지 올라가신 분으로 필자가 늘 본받아야 할 대상이 되었다.

이분은 웬만하면 사람을 버리지 않는 철칙을 갖고 있었다. 자신이 데리고 있는 직원이 어떤 문제가 있거나 실력이 부족하거나 하면 그 부분을 직접 비난하지 않고, 오히려 그 직원이 갖고 있는 장점과 특기를 파악하여 업무를 배정하고 지시를 했다. 즉 능력이 떨어지는 직원을 비난하기 보다는 그가 가진 장점을 최대한 활용하여 또 다른 능력을 발휘할 수 있도록 충분한 기회를 주었던 것이다.

직원 본인도 자신의 단점과 실력 부족으로 인해 큰 스트레스를 받고 있는 상황에서 상사가 가장 자신 있는 일을 시키니 신명나게 일을 하게 되었고, 자신에게 기회를 준 상사에게 성과로 보답하려고 최선을 다했다. 또한 이분은 그 직원에게 충분한 시간을 주어 단점과 부족한 실력을 개선할 수 있도록 배려를 했다.

그런 직원들 중에는 필자도 포함되어 있었다. 그래서 이분 밑으로 많은 후배들이 모였고, 이분을 중심으로 탄탄한 팀워크가 만들어졌으며, 장기적으로는 엄청난 성과로 이어졌었다. 시간이 흘러 이분과 같이 일해 본 모든 직원들은 자기가 이분의 핵심 라인에 속해 있다고 강하게 믿게 되었고, 이분의 일이라면 언제 어디서든 죽어도 배신을 하지 않고 최고의 노력을 할 수밖에 없었다.

이분의 독특한 리더십은 나름 많은 고민을 해서 만든 것이었을 것이다. 이렇게 멋진 리더십을 통해 이분은 그룹 고위층까지 올라갔으니 그야말로 리더십의 승리였던 것이다.

19

독종이 경쟁에서
이긴다

절대 져서도 안 되고 물러서도 안 되는 것이 진급 경쟁인데 정말 독하지 않으면 이기기 어렵다. 상사가 1명의 진급 TO를 가지고 있다면 진급 대상은 보통 5~10명일 것이다. 상사 입장에서는 고과나 실적이 비슷한 여러 명의 승진 대상자 중에 1명을 고를 때만큼 골치 아픈 상황은 없을 것이다.

이런 경우 상사는 실력이 비슷한 대상자 중에 1명을 고르는 상황에서 필연적으로 심성이 착한 직원들은 승진에서 제외시켜도 충분히 이해해 줄 것으로 미리 짐작하고 아주 쉽게 배제를 하기도 한다. 여러분이 정말 열심히 일했고 실적도 나름 좋았는데 진급이 안됐다고 하면 십중팔구 당신의 이미지가 너무

착해서 일 것이다.

상사의 입장에서 볼 때 진급을 안 시켜주면 나를 떠날 것 같고, 성질을 낼 것 같고, 자기에게 와서 따질 것 같은 골치 아픈 직원은 먼저 배제하지 못한다. 그래서 회사에서 일할 때만큼은 독종이 되어야 하는 것이다.

필자도 대리 진급에 3번, 과장 진급에 3번, 총 6번이나 진급을 누락당한 경험이 있다. 그래서 과장 진급까지 12년이 넘게 걸렸다. 그 이유는 간단했다. 내가 독종이 아니고 힘들다고 얘기할 줄도 모르고 그저 성실하고 착한 이미지만 보였기 때문이었다. 그때를 돌이켜보면 진급이 누락된 직원들 중에 죽어버릴 것처럼 사무실 문을 박차고 나가서 며칠을 말도 없이 안 나오고 강하게 항의했던 경쟁자는 공교롭게도 이듬해 진급을 했지만 아무 항의도 못하고 내년에는 진급이 될 것이라고 생각하며 다시 열심히 일한 직원은 그 다음해도 누락이 되었다.

필자는 대리 진급자 발표가 나던 날, 내가 누락된 것을 확인하고 바로 상사를 찾아가 "부장님 저를 밀어 주셨는데 진급이 안됐습니다." "제가 좀 부족했던 것 같습니다." "1년 더 정진하겠습니다."라고 말을 했었다. 그러자 부장님은 "그렇게 말해줘서 정말 고맙다." "나도 고민 정말 많았다." "이해해줘서 고맙고 내년에는 꼭 해보자."라고 나를 위로해 주곤 했었다. 하지만 나는 똑같은 얘기를 2년이나 더했고 대리 진급 대상 4번째 심사 때에도 부장은 나를 제외했었다. 결국 나의 업무 성과를 잘 알고 있었던 인사팀이 부장의 진급 의견에 반발하여 임의로 내 승진을 밀어붙여 겨우 진급할 수 있었다. 나중에 인사팀을 통해 들은 얘기는 정말 충격적이었다. 그 부장은 단 한 번도 나를 진급 1순위로 올린 적이 없었다는 것이었다.

지금 생각해보면 그때 왜 내가 그렇게 못나게 행동했을까? 그때는 내가 참 순진했던 것 같다. 죽어라 열심히 일만 하면 진급은 자동으로 될 것이라고 믿고 있었던 것이다.

그렇게 총 6번의 진급 누락 끝에 깨달은 것은 진급에서 만큼은 절대 양보할 생각이 없다는 강한 이미지와 진급 심사에 나를 함부로 누락시키면 큰일 난다는 독종의 이미지가 필요했다는 것이었고, 그 독종 이미지를 장착한 이후로는 단 한 번의 진급 누락도 없었다. 승진을 위해서는 Top Class의 업무 성적은 기본이다. 그 위에 진급은 절대 양보 못한다는 강하고 독한 이미지를 입히라는 것이다.

정말 나쁜 상사의 전형은 진급도 안 시키면서 말 잘 듣고 일 잘한다고 자기가 가는 부서마다 데리고 가려는 상사이다. 그런 사람은 나를 인정해 주는 상사가 아니라 절대 피해야 하는 상사일 뿐이다.

상사는 편한 사람을
더 선호한다

오래전 모시던 상사 한 분이 술자리에서 필자에게 해 준 말이 있다.

"조 대리 자네는 일도 빈틈없이 잘하고 성실하고 외국어도 잘하고 다 좋은데, 내 지시에 토를 달기도 하고 다른 의견을 피력하는 경우가 많아서 조금 불편해.", "대부분의 상사는 일 잘하는 부하보다 다루기 편하고 고분고분한 부하를 더 선호하는 법이야."

그 상사는 나름 속에 있는 말을 해준 거였다. 그 말을 듣고 그렇게 열심히 일했는데 이게 무슨 말인가 생각이 들었었다. 하지만 곰곰이 지난 세월을 돌아보니 모든 것이 다 이해되었다.

돌이켜 보니, 그 상사는 언제든 나에게 일은 많이 시켰지만 술자리나 오락성 자리에는 한 번도 데려간 적이 없었다. 그런 자리에는 불려가는 사람들이 따로 있었는데, 그들은 늘 그 상사의 모든 시중과 불편사항을 다 해결해 주곤 하였고 심지어 차의 엔진오일도 대신 갈아주고 세차도 해주고, 골프 모임 섭외까지 다 해주었다. 그런 모습을 보면서 난 회사는 일하는 곳이지 그런 것까지 하는 것은 정말 할 짓이 아니라고 생각했었다. 그런데 결국 나에게 돌아온 것은 진급 누락이었다.

나중에 회사의 정기 감사에서 비리가 드러나 그 상사는 회사를 떠났고 정의가 실현되었지만, 나에게는 또 다른 귀중한 교훈과 경험이 되었다. 일과 성과로만 직원을 평가하는 상사를 만나기는 어려운 것이 현실이다. 때로는 더럽지만 나의 성장을 위해서는 자존심을 낮추고 고개를 숙이는 것도 할 줄 알아야 하는 것이다. 그리고 만나기 힘든 그런 훌륭한 리더는 여러분이 더욱 성장하여 스스로 되어야 하는 것이다.

Burn-Out보다
Bore-Out을 경계하라

　사회생활을 하다 보면 일에 치여 살 때가 많다. 눈 뜨자마자 출근해서 하루 종일 일에 치여 살다보면 어떤 날에는 퇴근도 없고, 잠잘 시간도 없고, 씻을 시간조차도 없을 때가 많다. 여행은 고사하고 기본적인 워라벨도 안 될 때가 많을 것이다.

　이렇게 살다가는 제 명에 못 죽을 것 같고 회사가 미워지고 세상도 싫어지게 된다. 대개 이런 상태를 번아웃Burn-Out이라고 말하는데, 정말 심하면 아침에 일어나기도 싫고, 그냥 사표 쓰고 어디 멀리 여행이라도 가서 돌아오지 말까 생각이 들기도 한다.

　필자도 이런 번아웃 상태를 여러 번 경험했었고, 실제 사표를 집어던졌던 적도 두 번 있었다. 우연이지만 내가 번아웃 상태가 될 정도로 나를 괴롭혔던 못된 상사는 비리감사로 징계를 받아서 회사를 떠났고, 나를 유난히 싫어해서 그래 너 한 번 죽어봐라 일을 시켰던 상사는 때마침 발령이 나서 전출을 갔고, 독보적인 성과를 많이 냈던 나와 의견이 맞지 않는다며 나를 대놓고 무시하던 상사는 내가 승진해서 다른 부서로 가는 바람에 헤어졌었다.

인생은 삼한사온三寒四溫이라고 했다. 삼일간은 춥다가 사흘은 따뜻하다는 것인데 정말 이 세상에 죽으라는 법은 없는 것 같다.

필자가 호텔 프런트에 입사했을 때 우선 객실 500개의 방 번호와 각 호실별 사이즈, 침대 타입, 방에서 보이는 전망, TV 및 화장실 위치 그리고 호텔 내 식당, 메뉴, 전화번호, 주요 간부 이름 등을 모두 한국어, 영어, 일어로 외워야 했었다. 처음에는 이게 가능한가 싶었지만 불과 몇 주 사이에 다 외워버렸다. 당장은 막막해보여도 노력하면 결국 시간이 다 해결해 주는 것이다. 지금도 그 호텔에 가면 객실 번호 정도는 줄줄 나올 정도이다.

공군에 입대해서 근무할 때 필자의 특기는 '사이트 관제방공무기통제병'이였다. 한반도, 북한, 심지어 일본, 중국, 러시아 일부

지역에서 뜨고 내리는 비행체와 우리나라 영공을 지나가는 민간 항공기까지 모든 항적을 커다란 투명유리 벽 뒤에서 그 이동 경로를 거꾸로 그려서 유리 벽 앞에 상황실 군 간부들이 항적을 관찰하고 이에 따라 각종 작전을 전개할 수 있게 도와주는 보직이었다. 처음 자대에 배치되어 하루 종일 색연필을 옆에 차고 2층, 3층 높이의 유리 벽 뒤에서 이어폰으로 전달되는 항적 정보를 듣고 색연필로 이동 방향을 알파벳, 숫자, 화살표로 그리는데 처음에는 도저히 그 속도를 따라갈 수 없었다. 내가 그 속도를 못 따라가거나 항적을 제대로 그리지 못할 때마다 고참은 색연필 5개 정도를 손으로 잡아 내 겨드랑이쪽 옆 가슴을 5번씩 내리치곤 했다. 한번 맞으면 숨도 잘 못쉬고 팔도 들 수 없을 정도로 아팠고 큰 멍이 들기도 했었다. 그때마다 정말 죽을 것 같이 힘들었지만 딱 5개월이 지나니 거짓말처럼 나도 모르게 항적 그리기에 선수가 되어 있었다.

필자가 생각할 때 참지 못할 정도로 힘든 것은 번아웃이 아니라, 보어아웃Bore-out, 직장생활 속 지루함과 단조롭게 반복되는 업무에 지쳐 의욕이 상실된 상태이라고 생각한다. 상당 기간 같은 일을 반복하면 적응단계를 거쳐서 담당 업무가 쉬워지고 어느새 소위 선수가 된다. 그때가 되면 같은 일을 반복하는 것이 너무나 지겹고 따분해지고 모든 일이 선수인 나에게 집중되어 여간 힘든 게 아니다.

왜냐하면 일을 너무 능숙하게 빨리 처리하니 남는 시간이 생기고 추가 업무가 계속 주어지기 때문이다. 이런 상태가 되면 새로운 일과 업무를 찾아 전직을 하거나 이직을 하고 싶어 할 것이다.

상사는 일 잘하는 직원을 내보내지 않으려고 하고, 본인은 나가고 싶어 하는 곤란한 상황이 생기는데, 더 힘든 것은 그 지긋지긋한 같은 업무를 계속해야 한다는 것이다. 사실 이때가 자괴감이 가장 심할 때인데 본인 스스로 회사 내 다른 팀으로 전출을 시도하고, 필요하면 이직까지도 고려를 해서 적극적으로 새로운 일을 찾아야 한다. 그래서 기업에서 이런 상황을 없애고 팀의 능률을 효과적으로 높이기 위해 정기적으로 인사이동을 시켜주는 것이다.

필자도 보어아웃 상태를 겪을 때 호텔이 아니라 다른 직종으로의 전직, 대학원 입학, 고시 준비 등 변화를 모색했던 경험이 있다. 그때마다 상사와 대화로 풀어서 인사이동을 통해 다른 업무를 맡아 보어아웃을 탈출했었다.

하고자 하면
안 되는 것이 없다

필자가 2014년 마케팅 임원을 할 때 얘기다. 당시 대만의 다단계 회사에서 사원 인센티브 행사로 6천명의 인원이 한국을 방문한다는 정보를 입수했다. 호텔 투숙은 예산 문제로 유치할 수 없었지만, 6천명의 인원이 한꺼번에 식사하는 연회는 우리 호텔이 유치해 볼만하다는 정보였다. 즉시 판촉팀장과 담당 직원을 불러 연회 행사를 유치하라고 지시했다.

그런데 바로 그 다음날 판촉팀장이 보고한 내용은 충격적이었다. 이 행사를 주관하는 대만 여행사 대표와 경쟁호텔의 판촉팀장이 친한 친구 사이로 이미 연회를 거기서 하기로 확정했을 것이라는 거였다. 대만의 다단계 회사에 직접 연락해 보지도 않고 업계에 들리는 말만 확인하여 나에게 연회 유치가 힘들 것 같다고 보고를 한 것이었다.

나는 다시 판촉팀장에게 구체적으로 알아보고 연회 유치 방안을 마련해 보라고 지시한 후에 잠시 생각을 해보았다. 그리고 내가 직접 유치를 해봐야겠다고 생각했다. 마침 판촉팀에는 중국 국적의 직원이 근무하고 있어서 그 직원을 방으로 불러 "대만의 다단계 회사에 국제전화를 해서 대표와 미팅을 잡고 롯데호텔의 마케팅, 판촉 상무가 직접 가서 연회 유치 프레젠테이션을 하겠다고 전하라"고 지시를 했다.

역시 중국인이 중국어로 전화를 해서인지 미팅 약속이 바로 잡혔다. 이틀 후 약속이었고 장소는 그 회사의 대표이사실이었다. 당장 비행기 스케줄을 잡고, 중국 국적의 직원을 다시 불러 대만의 PPT 관련 컴퓨터 시설이 호환이 안 될 수도 있으니 대만 제품의 노트북, PT영상 장비, 이동식 포터블 스크린을 준비해서 가져가자고 지시했다.

프레젠테이션 자료는 영어와 중국어로 만들었고, 주요 포인트는 "첫째 6천명의 연회에 사용할 식기는 동일한 세트로 통일하겠다. 둘째 600명의 서비스 요원들은 모두 우리 호텔의 훈련된 정예 직원이 할 것이다. 셋째 메뉴는 대만에서 먹을 수 없는 한식 요리로 할 것이다. 넷째 회사의 로고와 이미지를 활용하여 특별메뉴를 제작하겠다"는 것으로 잡았다.

이런 포인트를 잡았던 이유는 경쟁호텔의 경우 식음 직원을 다 합쳐도 100명이 안됐고, 호텔 전체 직원을 동원한다고 해도 웨이터 600명을 절대 구성할 수 없으며, 연회장이나 식당 규모가 작아서 6천명이 먹는 식기를 세트로 준비할 수 없을 것이라고 판단했기 때문이다. 그 경쟁호텔에서 6천명이 사용할 식기를 준비하려면 1천개 정도는 세트로 구성할 수 있지만 나머지 5천개는 모두 1회용으로 사용할 것이 분명했다. 설사 다른 호텔에서 식기세트를 빌려온다고 하더라도 이 역시 세트로 구성된 것이 아니라서 테이블마다 제각기 다른 식기를 사용할 수밖에 없어 전체적으로 보면 정말 보기 싫을 것이 분명했다.

그 경쟁호텔은 6천명이라는 많은 인원의 식사를 애피타이저부터 메인, 디저트까지 동일한 식기와 훈련된 웨이터의 서비스로 럭셔리하게 준비하는 것은 절대 불가능한 상황이었던 반면, 우리 호텔은 서울, 잠실, 대전, 부산, 제주 등에 체인호텔이 있어서 식기들도 대부분 동일하고, 직원들도 각각의 호텔에서 지원을 받으면 600명은 충분히 동원할 수 있었다.

이런 포인트를 갖고 마침내 다단계 회사의 대표에서 프레젠테이션을 하게 됐다. 프레젠테이션은 중국 국적의 직원이 중국어로 경쟁호텔이 이 중요한 연회를 담당할 경우 예상되는 문제점과 우리 호텔이 하게 되면 제대로 된 연회 행사를 할 수 있다는 점을 강조했고, 내가 중간중간에 강조할 사항은 영어로 보충해서 진행했다.

그렇게 프레젠테이션을 마치고 인사를 하고 나오는데, 대표가 회사 밖까지 나와 배웅을 하면서 "오늘 투숙할 호텔이 어디냐?"고 물었다. 나는 "우리는 지금 서울로 돌아가야 한다. 바쁜 스케줄을 조정해서 대표님을 만나기 위해 대만에 온 것이라 아쉽지만 1박도 못하고 서울로 돌아가야 한다."고 말했고 "사실 당신을 만나기 위해 PC, 프레젠테이션 영상장비, Potable 스크린까지 모두 대만제로 새로 구입해서 준비했다."고 덧붙였다. 이 말에 대표는 크게 감동을 받은 것 같았고 정말 고맙다는 인사를 했다.

그리고 1개월 후 기다리던 연락이 왔다. 6천명의 연회 행사는 롯데호텔과 하겠다는 연락이었다. 바로 계약을 진행했고 계약금 6억도 송금해 왔다. 이 연회 행사의 전체 금액은 60억이었다. 연회 행사 하나에 60억은 대한민국 호텔 역사상 제일 큰 행사였고 우리 호텔 입장에서는 엄청난 매출이었다. 아마도 경쟁호텔은 롯데호텔의 담당 임원이 직접 대만까지 가서 프레젠테이션을 할 줄은 꿈에도 생각하지 못했을 것이다.

역시 상대방의 입장에서 생각하고, 상대의 니즈에 맞춰 설득력 있는 내용으로 임원이 직접 브리핑을 한 것이 결정적인 한 방이 된 것이었다. 이 세상에 노력해서 안 되는 일은 없는 것이다. 그때 판촉팀장의 "이미 다른 호텔로 연회 행사가 결정되었다"는 말을 믿고, 이렇게 대만까지 가서 직접 프레젠테이션을 하지 않았다면 연회를 유치하지 못했을 것이다.

2019년 총지배인으로 일할 때의 일이다. 사우디아라비아의 빈 살만 왕세자가 한국을 방문한다는 언론 발표가 있었다. 현황을 파악해 보니 다음 주에 사우디에서 경호 및 의전 선발대가 방문을 하는데 이미 선발대의 투숙 호텔로 경쟁호텔이 예약되어 있다는 것이었다. 경쟁호텔에 선발대가 투숙한다는 것은 이미 VIP 투숙은 거의 99% 그 호텔로 결정되었다는 뜻이다. 아마도 그 경쟁호텔이 산속에 위치해 있어서 왕세자의 경호에 유리하다고 주한 사우디 대사관이 의견을 냈던 것 같았다. 상대적으로 시내 한복판에 위치한 우리 호텔은 주변의 높은 빌딩에서는 분명 로얄스위트가 쉽게 눈에 띄고 만에 하나 발생할 수 있는 총기 저격 등에 취약하기 때문에 경호상 우리 호텔을 배제한 것 같았다.

이런 상황에서 총지배인인 내가 별다른 조치를 취할 것은 없었다. 하지만 일반적으로 선발대는 VIP의 투숙 호텔을 선정할 때 반드시 자신들이 투숙하는 호텔뿐만 아니라 최소한 2~3개의 호텔을 대체장소로 검토하는 것을 알기 때문에 대체장소로 혹시라도 우리 호텔이 포함되어 있는지 확인해보고, 선발대의 방문에 대비하여 우리 호텔만의 색다른 컨셉으로 준비하라고 지시했다. 그 컨셉은 "조선시대 왕의 행차"였다. 행차 시에 연주하던 음악을 재현하기 위해 전통음악 연주자 6명을 섭외하고 전통무용수 8명을 동원하여 조선시대의 화관무를 로비에 준비시켰고, 로얄스위트 내에 조선시대 왕의 행차를 컨셉으로 하는 프레젠테이션을 준비시켰다. 객실 내에서 조선의 왕을 상징하는 경복궁 근정전, 남대문, 왕관 등의 모형으로 초대형 초콜릿 데코레이션의 Amenity들을 각각 거실, 침실, 집무실에 배치시켰다. 식사 메뉴로는 조선시대 왕이 저녁에 먹었던 왕실 메뉴를 현대적으로 해석하여 만들었고 데코레이션까지 해서 테이블 위에 일렬로 올려놓았고 그 메뉴의 의미를 일일이 설명을 해놓았다.

선발대 대표가 앉은 자리 앞에서 총지배인인 내가 직접 사우디 왕세자 방문 시에 우리 호텔에서는 "조선시대 왕의 행차"라는 컨셉으로 준비하여 모시겠다고 브리핑을 했다. 그러자 선발대 대표는 그저 롯데호텔을 한 번 둘러보러 왔을 뿐인데 우리가 이렇게 엄청나게 준비한 것을 보고는 크게 감동할 수

밖에 없었다. 결국 선발대는 왕세자의 투숙호텔로 경쟁호텔이 아닌 우리 호텔로 옮기기 위해 적극적으로 본국의 왕실과 외교부, 경호실을 설득했고, 결론적으로 사우디 왕세자의 투숙 호텔로 롯데호텔이 결정되었다.

사실 이외에도 왕세자의 방문을 유치하는데 가장 어려운 결정 사항이 있었다. 로얄스위트의 모든 창문에 방탄유리를 설치해야 하는 조건이었다. 물론 그 방탄유리를 설치하는데 드는 비용은 사우디 측에서 지불하는 것이었지만, 방탄유리를 설치하려면 기존 창문을 모두 철거하고 창문 주위의 인테리어까지 해체를 해야 한다는 점이 큰 문제였다. 또 왕세자의 투숙이 끝난 후에는 다시 원상복구를 해야 했다. 12개나 되는 창문의 해체와 복원을 반복해야 하기 때문에 엄청난 돈을 들여서 만든 로얄스위트의 인테리어를 망가트릴 수도 있었다. 하지만 시설팀과의 협의 끝에 나는 과감하게 사우디 측에 방탄유리 설치 조건을 모두 수용하겠다고 통보하고 드디어 사우디 왕세자 일행의 방문을 우리 호텔로 유치했다. 사우디 왕세자의 객실 물량은 하루 400실이나 되었고 부수적으로 엄청난 물량의 룸서비스, Laundry, 그리고 연회 매출 등으로 호텔 오픈 이래 최고의 매출을 기록했었다.

모두들 안 된다고 했지만 새로운 아이디어로 준비하고 실제

부딪쳐보고 정성을 다하니 이런 쾌거를 이룰 수 있었다. 역시 하고자 하면 안 되는 것은 없는 것이다. '불가능은 없다', 'Yes I can!' 같은 캐치프레이즈는 많지만 실제로 부딪쳐서 도전하는 사람은 많지 않다. 대부분의 사람들은 "내가 과연 할 수 있을까?", "내 능력으로 가능할까?", "난 가진 것도 없는데?"라며 이런 저런 이유로 시도조차 해보지 않는 것이 현실이다.

바로 이 대목이 가장 중요한 것이라고 생각한다. "해 본다는 것", "꼼꼼하게 준비하고 도전해 본다는 것", "세상에 없는 아이디어를 내어 시도를 해 본다는 것", "도전해서 안 되는 것은 없다"라고 생각하는 것이 정말 중요한 것이다. 왜냐하면 뭐라도 한번 도전해보지 않고서는 그 결과를 절대 알 수 없는 것이기 때문이다.

성공을 전달할 수 있는 꼰대가 되자

요사이 젊은 세대들이 나이 든 상사들을 '꼰대'라고 비난하고, 심지어 그들의 말과 행동을 보고 추태를 부린다고 말하는 경우도 쉽게 발견할 수 있다.

필자도 블라인드Blind에서는 여지없이 '핵꼰대'라고 비난 받는 사람들 중에 하나였다. 나이든 사람이 회사에서 주로 이런 얘기를 하면 바로 꼰대가 된다고 하는데, "나 때는 말이야, 모르는 게 없나? 왜 질문을 안 해? 일단 묻지 말고 그냥 해, 내가 어렸을 때는 말이야, 내가 군대에서 말이야, 내 자식 같아서 하는 말이야, 다 너 잘 되라고 말해주는 것이야, 꼭 시켜야 하나? 혼자 알아서 해야지, 어른이 말하면 감사하게 들어, 그걸 왜 혼자 네 마음대로 해? 좋을 때다, 고마운 줄도 몰라, 아직 어려서 잘 모르나 본데" 같은 상투적인 표현들이라고 한다.

이 내용은 필자가 회사에 있을 때 임원들을 대상으로 한 교육에서 나왔던 것으로, 임원들이 꼰대라는 말을 듣지 않기 위해서는 이런 말은 절대로 하지 말라는 것이었고, 대충 이런 말을 하고 있으면 나도 꼰대라고 생각하면 된다는 것이었다. 그래서 필자도 총지배인으로 있을 때 이런 말들을 의식적으로 안 하려고 노력했었다.

돌이켜 보면, 내가 꼰대라고 지적을 받은 것은 대부분 뒷담화였고 그 누구도 내 앞에서 나를 꼰대라고 대놓고 얘기한 적은 없었다. 총지배인으로 근무할 때 월례조회 시간에 수백 명을 앞에 두고 강의도 많이 했었는데 나름 긍정적인 평가를 듣는 편이었다. 강의 내용은 "매출을 달성하자, 서비스를 잘하자" 같은 상투적인 내용이 아니라 주로 "아이들 SKY 보내는 방법, 부자가 되는 방법, 외국어 잘 하는 방법" 등 주로 들어서 좋은 내용들을 골라 준비를 하고 강의를 했었다. 이런 강의를 하고 나면 좋은 평가를 직접 나에게 해주었던 사람들은 대부분 나이가 어느 정도 있는 시니어들이었지 젊은 직원들로부터 직접 들은 적은 없었던 것 같다.

물론 필자도 이 월례조회에서의 강의를 위해 한 달 전부터 고민을 하고 컨셉을 정해서 원고를 작성하고 다시 프레젠테이션으로 만들어 나름 열심히 연습해서 했던 것이었으며, 주된 목적은 모든 직원들이 심기일전해서 각자 자신의 꿈을 정하고, 그 꿈을 향해서 열심히 노력하게끔 유도하고자 한 것들이었다. 직원들이 개인적인 꿈을 달성하고자 노력을 하게 되면 동시에 회사의 조직도 강화하고 그렇게 노력하는 직원들이 제공하는 서비스도 더 향상될 것이라고 생각했기 때문이었다. 결코 내가 꼰대라고 평가받자고 한 강의는 아니었으며 꼰대가 될 생각은 추호도 없었다.

비록 그런 강의를 해서 내가 꼰대라고 평가받았다 하더라도 엄밀하게 말하지만 강의도 내가 총지배인이고 임원이기 때문에 가능한 것이었다. 나이 들었다고 누구나 다 꼰대가 되는 것도 아니다. 스스로 자기 인생에 자신감이 없거나 노력해서 성취한 것이 없는 사람들은 젊은 사람들 앞에서 훈계도 하지 않고 또한 가르치려는 시도도 안한다.

그런 가르침을 담아 전하는 말을 '꼰대'라고 비난하는 젊은 사람들에게 오히려 얘기하고 싶다. "여러분도 언젠가는 꼰대가 될 것인데 이왕이면 성공한 꼰대가 되라고, 성공하지 못하면 꼰대 노릇을 하고 싶어도 할 수 없다"고 말이다.

필자도 젊었던 시절이 있었다. 그 젊은 시절 피나는 노력을 했기 때문에 입사 25년 만에 임원이 되었고 총지배인이 되었던 것이라서 나름 그 노하우를 가지고 젊은 호텔리어들에게 임원이 되는 방법, 총지배인이 되는 방법, 그리고 노력해서 반드시 갖추어야만 하는 것들을 알려주는 것일 뿐이다.

만약 회사 내의 젊은 후배들이 제대로 노력하지 않고 있다면 응당 꾸짖고, 자신의 소중한 꿈을 실현할 수 있게끔 열심히 노력하며 살아가라고 말해주는 것이 바로 선배의 몫이라고 생각했다. 내가 만약 임원도 되지 못하고 일반 지배인이나 팀장급으로 나이 먹은 시니어가 되었다면 젊은 후배들에게 감히 꿈을 가지라고 말하지 않았을 것이고, 내 자식도 아닌데 내가 왜 잔소리를 하냐고 손사래를 쳤을 것이다.

필자가 과장 시절 모셨던 임원 한 분은 나에게 어마무시하게 많이 잔소리를 하셨다. 나는 그분의 얘기를 한 번도 잔소리로 듣지 않고 오히려 지적한 것을 고치려고 노력했고 성과를 내기 위해 많이 노력했었다. 그런데 그때 왜 나는 그분을 '꼰대'라고 부르지 않았을까? 나는 그분의 꼰대 짓을 항상 가르침이라고 받아들였기 때문이다. 그렇게 잔소리를 가르침으로 받아들이고 고치려고 노력했었던 것이 지금의 나를 만들었고, 그 많은 잔소리 속에서 나를 진급시켜 주셨고 임원도 되게 만들어 주셨다. 나는 지금도 그 가르침에 감사하고 있다.

236

현재의 꼰대라고 불릴 수 있는 나의 위치까지 올라온 것은 그 임원의 도움이라고 생각한다.

그렇다. 내가 분명히 말할 수 있는 것은 젊은 시절 그분으로부터 똑같이 잔소리를 들었던 많은 직원들 중 그분의 얘기를 꼰대가 말하는 쓸데없는 잔소리라고 뒷담화하고 순수하게 받아들이지 않았던 직원들은 임원까지 올라오지 못했다. 물론 젊은이들이 내가 스스로 다 알아서 하는데 왜 참견을 하고, 왜 꼰대 짓을 하는지 모르겠다고 생각할지는 모르겠지만 그 꼰대도 젊었던 시절이 있었고 꼰대 상사들의 가르침을 받아서 성장한 것이라는 말이다.

상사 입장에서 볼 때 내 얘기나 가르침을 진지하게 듣고 교훈으로 받아들여 자기를 채찍질하고 성장해가는 직원을 더 키우고 진급도 시키지, 자기 말을 꼰대로 치부하고 들으려고 하지 않는 직원을 결코 자기 사람으로 키우지 않는다는 것을 명심해야 한다.

어떻게 보면 가장 가까이 있는 꼰대는 부모님일 수 있다. 필자도 가끔 아들을 따로 불러 1시간 정도 훈계를 할 때가 종종 있다. 그러면 나의 잔소리를 정자세로 듣고 개선하겠다고 대답을 하고 정말 고치려고 노력을 한다. 만약 아버지인 내가 하는 말을 제대로 듣지 않는다면 아들로 생각하지 않을 수도 있을 것이다.

아버지로서 그만큼의 위엄을 갖기 위해 나도 아들 앞에서 엄청나게 조심하고 교훈적인 행동을 보이려고 노력을 했기 때문에 아들도 아버지가 말씀을 하시면 정자세로 듣는 것이다. 그리고 부모님의 말을 꼰대의 말로 느끼지 않는 이유는 그 말속에 자식에 대한 사랑과 애정이 담겨 있기 때문이다.

그래서 여러분도 현재 노력을 경주해서 미래에 성공하지 않으면 성공한 꼰대가 될 수 없을 것이고 잔소리를 해줄 수도 없을 것이다. 미래에 성공한 꼰대가 되는 것은 결코 나쁜 것이 아니라는 것이다. 다만 사랑과 애정으로 뭉쳐진 따뜻한 말을 해주는 꼰대가 되어야 한다.

필자는 임원 시절 비서들에게 잔소리를 많이 했었다. 비서들은 모두 파견직 여성들이었고 계약직이었다. 대부분 대학을 갓 졸업한 여성으로 필자의 딸 또래이거나 더 어린 친구들도 있었다. 내가 그들에게 했던 잔소리는 "먼저 꿈을 가지고 그 꿈을 향해 열심히 노력해라, 아무 남자나 함부로 만나지 마라, 사내에서 유부남이 술 사준다고 나오라고 하면 절대 나가지 말고 나에게 즉시 보고해라, 남자 앞에서는 절대 취할 만큼 술 마시지 마라" 같은 것이었다. 내가 그들의 아버지도 아닌데 이런 잔소리를 많이 했었다.

그리고 "자기 꿈을 작성해서 나에게 보고해봐라, 내가 너의 꿈을 지원하겠다"고 얘기해줬고, 비서가 자기의 꿈을 나에게 얘기해 주면 그에 따르는 코칭도 빠지지 않고 해줬다. 필자는 비서가 근무하고 있는 기간 동안 나름 혹독하게 가르쳤고, 나날이 발전되어 가는 그들의 모습과 결과들에 대해 항상 피드백해주곤 했었다.

그래서 나와 같이 일했던 계약직 비서들은 대부분 호텔의 정직원이 되었으며, 그들은 신랑감을 만나는 과정에서도 나에게 상의를 해왔고 신랑감이 정해지면 결혼 전에 반드시 나에게 데려와 인사를 시켰다. 나는 그 예비부부들에게 1시간 정도 행복한 인생에 대한 강의를 덕담으로 해주었고 동시에 신랑들에게 내 비서에게 함부로 대하면 큰일 날 것이라고 말했었다. 그 신랑들은 마치 장인어른 앞에 있는 것처럼 군기가 바짝 들어서 나의 얘기를 경청했음은 물론이다. 또 본인이 원하면 결혼식 주례도 해주었는데, 결혼식장에서 나를 가장 반기셨던 분들은 그들의 부모님들이었다. 그분들은 자기 딸에게 때로는 호되게 야단치고 올바른 길로 가게끔 유도해온 나를 은인처럼 고마워하셨다.

얼마 전, 비서 중 한명이 임신을 했다며 연락을 해왔다. 내가 얘기해 준대로 신랑과 함께 3개월 동안 몸과 마음을 정결

하게 만들고, 건강하고 똑똑하며 착한 아이를 낳게 해달라고 간절히 기도해서 아이를 가졌으며 5월에 출산하게 되었다면서, 총지배인님이 주신 가르침 덕분이라고 감사해했다. 내가 오지랖 넘는 짓을 했는지 모르겠으나 그들은 나의 잔소리를 마치 자기 아버지가 하는 말처럼 알아들었고, 나를 상사로 만나서 그들의 인생이 긍정적으로 바뀐 것은 사실이었다.

명절마다 그들이 나에게 보내는 감사의 메시지가 늘 카카오톡에 쌓인다. 아마도 다음 명절에는 그들이 낳은 아이들의 사진들도 첨부되어 있을 것 같다.

세상에 공짜는 없다

    회사생활을 오래하다 보니 똑똑하고 유능했던 임원들과 직원들이 갑자기 사라지는 것을 많이 봤다. 자기 나름대로 열심히 산다고 했지만 한순간 방심으로 사라지는 경우를 보면 새삼 느끼는 것이지만 세상에 공짜는 없는 것 같다.

    담당 업무상 갖게 된 권한을 보고 접근해온 파트너사의 호의를 거절하지 못하고 계속 받다보면 나중에 이게 정말 잘못된 일인 줄도 모르고 결국 큰 화를 자초하게 된다. 상대방은 별거 아닌 식사자리부터 시작하지만 술자리로 이어지면 형님 아우가 되고, 이런 자리가 반복되면서 자연스럽게 청탁을 받게 되는데, 그동안 쌓인 인연을 저버리지 못하고 그 청탁을 들어주는 순간 비리가 되는 것이다.

멀쩡하게 회사 잘 다니고 탄탄하게 성장을 하다가 이러한 비리가 적발되어 회사를 떠날 수밖에 없는 경우를 종종 보게 되는데, 이런 비리는 별다른 방법이 없다. 스스로 경계하고 처음부터 그런 경우가 발생하지 않도록 조심하는 수밖에 없다.

일단 아무 의미 없는 것이라도 파트너와 회사 외부에서 만나기 시작하면 안 된다. 물론 피치 못할 상황으로 외부에서 약속이 되어 만나게 될 수도 있을 것인데, 이럴 경우에는 필히 본인 능력으로 술값을 지불할 수 있는 장소를 선정하여 본인이 모두 지불해야 한다.

마그마는 돌덩어리 같은 지각의 균열된 틈을 통해서 분출을 하는 것이고 화산 폭발이 되는 법이다. 항상 경계하고 멀리하는 수밖에 없으며 모든 공짜에는 그에 마땅한 대가가 따르는 법이다.

상사 고과권과
부하 저항권

　회사생활을 하다 보면 자신을 진급시키는 사람은 바로 고과권을 가진 직속상사라고 생각할 것이다. 하지만 실제로는 자신이 데리고 있는 부하직원들의 노력으로 만들어진 성과로 진급된다고 생각하고 부하직원들에게 정말 잘해줘야 한다.

　또한 상사에게 충성을 다했기 때문에 진급했다고 생각하는 사람들은 동시에 부하직원들도 동일한 수준으로 자신에게 충성할 것을 기대하겠지만, 정작 부하직원들의 생각이 다를 수 있고 게다가 부하직원이 많으면 자신에 대한 인식은 정말로 다양하다고 봐야 한다.

　필자가 생각할 때 중견 이상의 직원으로서 가장 경계해야 하는 것은 자신이 상사를 모셔왔던 동일한 방식으로 부하직원들이 자신을 모시고 대해주기를 바라는 사고방식이다.

필자 주변에도 목표를 달성하기 위해 부하직원들을 혹사시키는 간부들을 쉽게 발견할 수 있었다. 상사인 자신도 부하직원들과 똑같이 일하고 고생을 같이 한다면 그나마 다행이지만, 자신은 왕년에 죽어라 일했으니 부하직원들도 상사인 나를 위해 충성을 다해야 한다고 생각하면 정말 큰 오산이다. 부하직원들은 상사가 한두 번 잘못하는 것에 대해서는 크게 반박하지 않겠지만, 그것이 반복되면 저항권을 행사하게 된다.

그런 사태를 방지하기 위해서는 존경받는 리더로서 부하직원들의 심정을 헤아려서 밀고 당기는 식으로, 3寒4溫 식으로 적절하게 부하직원들이 이해할 수 있는 수준으로 다루어야만 한다. 부하직원들에게 싫은 말도 하지 않고 일도 많이 안 시키면 당장은 정말 편한 상사라고 좋은 평가를 받을 수 있겠지만, 그게 반복되면 종국에 그 상사는 실적 부진이라는 이유로 한순간에 좌천될 것이고, 팀 평가가 좋지 않기 때문에 부하직원들도 결코 좋은 평가를 못 받게 되어 결국 좋은 상사가 아닌 최악의 상사로 남게 될 것이다. 따라서 최상의 실적을 목표로 부하직원들의 노력을 극대화시켜야 하지만, 그에 대한 적절한 보상과 휴식도 아울러 제공해줘야 하는 것이다.

26

나는 운 좋은
사람이라고 생각하자

　기성세대들이 MZ에게 많이 하는 말 중에 하나는 "너희 세대는 정말 좋은 환경에서 살고 있다"는 것이다. 필자도 아버지나 선배들의 세대로부터 정말 많이 들었던 말이었고 그렇게 말하던 선배들의 얘기를 나도 그때는 부정했었다. 이 세상을 살아가는 모든 사람들은 이전 세대에게 주어진 환경을 직접 겪은 것이 아니라서 얼마나 어려웠는지 이해하기가 힘들고 오히려 자기 세대에게 주어진 환경이 가장 어렵고 힘들게 느껴지는 것 같다. 오히려 인류의 문명이 발전할수록 몸은 편해질지 모르겠으나 그만큼 삶에 대한 고민은 더 많이 하는 것 같다.

헬조선이라는 말은 Hell지옥과 조선朝鮮의 합성어로 마치 지옥헬 같은 한국조선이라는 뜻의 신조어다. 취직도 힘들고, 내 집 마련도 어렵고, 결혼해서 아이 키우기도 힘든 현실을 반영한 것인데 실제 3포 세대연애, 결혼, 출산에 이어 요즘엔 5포3포 + 내 집 마련, 인간관계세대, 7포5포 + 꿈, 희망세대까지 나오고 있다고 한다.

과연 이게 맞는 말인가? 인터넷을 찾아보니, 우리나라 역사상 가장 힘들었던 세대들은 따로 있었다. 1580년대 생들은 1592년 임진왜란, 1597년 정유재란, 1619년 사르후 전투를 겪었고, 이어서 1624년 이괄의 난, 1627 정묘호란, 1636년 병자호란까지 겪었다. 행복이냐 불행이냐를 떠나 살아남는 것이 우선이었던 시대였던 것이다. 이후에 1660년대생들은 10대에 경신 대기근, 30대에 을병 대기근을 겪었는데 자료를 보면 고위관료들까지 굶어 죽었다고 한다. 아마도 그분들이 겪었던 생활고는 전쟁보다 더 심했을 것 같다.

그리고 필자가 돌아가신 아버지 시대에 태어났다고 가정해 보았다. 아버지는 1925년 일제 강점기에 태어나셨고 20살 때인 1944년 일본군의 징용을 당해 만주에 끌려가 전쟁 통에 갖은 고생을 다하시다가 도망 나와 해방을 맞이하셨고, 26살이된 1950년 6·25때는 북한군에 끌려가 아오지 탄광에서 강제노동을 하다가 역시 도망 나오셨다. 그리고 찢어지게 가난했기 때문에 학교도 못가보고 평생 까막눈으로 살아오셨고 두 번의 전쟁에 참전하셨던 탓에 평생 반일, 반공산주의자로 사셨다. 이후 평생 농부, 행상을 하시면서 아이들을 키워 시집 장가 다 보내고 96세에 돌아가셨다. 그렇게 불행한 시기에 태어난 아버지도 행복하다고 말씀하시곤 했었다. 오히려 당신은 자식들 밥 안 굶기고 키웠고 대학까지 보낸 것을 자랑스러워하셨다. 아버지는 자식들이 대학에 입학한 자체에 기뻐하셨지 그게 좋은 대학인지 공부를 잘하는지는 중요하게 생각도 못하셨다.

인류 역사는 지속적으로 발전되는 문명으로 인하여 세대가 바뀔수록 후대의 인류가 더 풍족하게 잘 살고 있다고 한다. 즉, 할아버지 세대보다는 아버지 세대가 더 나은 삶을 살았고, 아버지 세대보다는 나의 세대가 더 낫고, 나의 세대보다는 아들의 세대가 더 편하게 살아간다는 것이다.

필자의 경우 중학교까지 천장도 없는 집에 살았다. 결혼을 해서 분가할 때까지 우리 집에는 수세식 화장실도 없었고, 한 겨울에 우물가에서 찬물에 세수를 했었고 머리를 감았다. 목욕은 한 달에 한번 공중목욕탕을 가면 정말 호강하는 거였다. 그때에도 나는 힘들다, 불행하다고 생각은 하지 않았다. 그게 그냥 생활이었기 때문이었다.

그래서 불행과 행복의 차이는 크게 없는 것 같고 그저 행복하다고 생각하면 행복한 것이다. 해외여행을 나가보면 쉽게 알 수 있다. 일본 동경만 가도 신입사원 연봉이 2천만 원대이고 회사까지 전철만 2시간 걸리는 외곽에서 4평짜리 원룸을 70~80만 원 월세를 내고 산다고 한다. 홍콩에 가보면 정말 촘촘하게 올라간 10~15평 아파트가 30억이나 된다고 한다. 이태리 로마나 나폴리를 가서 공중화장실을 가보면 더러워도 그렇게 더러울 수 없다. 러시아 모스크바에서 동양인은 강도를 당할까 봐 밤에도 못 다니고 지하도도 들어가지 못한다. 한국에 태어난 게 정말 다행이라고 생각해야 할 정도이고 요즘은 눈 떠보니 선진국이라는 말도 생겼다.

생각을 바꾸면 눈에 보이는 것이 바뀌고 행동이 바뀐다고 하지 않는가? 오늘부터는 나는 정말 운 좋은 사람이고, 얼마나 좋은 세상에 살고 있는지 모르겠다고 생각하고 감사해 하자. 헬조선에 태어났다고 말하는 순간 우리에게 행복해질 가능성은 없어진다고 봐야 한다.

27

아빠는
아플 권한도 없다

젊은 시절에는 건강관리의 필요성을 잘 느끼지 못하지만, 나이가 들면 주변 사람들이나 각종 미디어를 통해 '건강'에 대한 이야기를 자주 접하게 된다. 혹시 부모님 중에 암에 걸려서 일찍 돌아가신 분이 계시다면 동일한 암에 걸릴 확률이 높다고 한다. 그런 분들은 항상 건강에 신경을 쓰고 암에 걸리지 않기 위해서 갖은 노력을 하고 있을 것이다.

필자도 2002년 자주 밤을 새워 일하다 보니 너무 힘들어서 회사 근처 대학병원에서 진찰을 받은 적이 있다. 몸무게 50kg 초반으로 워낙 마르고 피골이 상접한 나를 보고 간병동의 과장이었던 의사는 간경화나 간암이 의심되니 당장 입원하라고 말했다. 아무리 그래도 회사에 가서 상사에게 보고는 해야 하지 않겠냐고 말했더니 그 의사는 버럭 성질을 내며 "당신이 죽을 수도 있는데 회사가 중요하느냐"며 당장 입원하라고 했다. 그렇게 입원을 하고 금식을 한 채 2일간 모든 암 검사를 받았다.

병원에 찾아온 아내는 절대 간암에 걸릴 사람이 아니라고 병원의 오진을 의심했지만, 주변의 간암 환자들은 자기들도 처음에는 전혀 의심을 못했다가 암 진단을 받고 입원 중이라며 나에게 "보험은 가입해 두었냐?", "아이들은 몇 살이냐?"고 물으며 젊은 나를 걱정해 주는 것이었다. 그날 밤 아직 어린 아이들을 아내에게 맡겨 놓고 내가 먼저 죽으면 가족의 생계는 어떻게 할 것이며, 아내는 어떻게 살 것인지 생각하다가 왈칵 눈물이 쏟아졌다. 무릎을 꿇고 아이들이 고등학교를 졸업하는 50세까지만이라도 살게 해달라고 하나님께 기도를 했었다.

그렇게 이틀 동안 검사를 마치고 결과를 기다리고 있는데, 저녁 6시가 넘도록 결과를 알려주지 않아 담당 의사를 찾아갔더니 막 퇴근을 하는 모양이었다. 퇴근하는 의사를 잡고 "선생님 제 결과는 어떻게 되었습니까?" 물었더니, "아 자네 아직도 퇴원 안했나? 검사 결과는 깨끗하고 6개월에 한 번씩 정기검진 받으러 오시게나." 그 말을 듣자마자 나는 너무 기뻐서 90도로 인사를 몇 번했다. 의사 선생님이 마치 예수님처럼 보였다.

이 기쁜 소식을 아내에게 알려줬더니 "어떻게 정밀검사도 안 해보고 얼굴만 보고 간암이라고 진단을 하냐?"며 당장 병원으로 가서 따지겠다고 난리를 쳤다. 다행히 결론은 오진이었다. 당시 의사는 피검사도 안 해보고 내가 간경화 또는 간암에 걸렸다고 진단을 했던 것이다.

퇴원 수속을 마치고 병원 문을 나서는데 정말 세상이 새롭고 아름답게 보였다. 마치 다시 태어난 기분이었다. 건강이 이렇게 소중한 것인지 새삼 깨닫는 순간이었다.

허준 선생의 동의보감 중에 "밥을 오래 씹어 먹는 사람은 빨리 먹는 사람보다 10년을 더 살 수 있다"는 말이 있다. 밥을 대충 씹어 위로 보내게 되면 그만큼 위 활동이 많아지고, 그런 식습관이 수십 년 지속되면 그만큼 과도한 위 활동으로 관련 질병이 빨리 생기고 그로 인해 일찍 사망할 확률이 높다는 말이다. 결론은 우리들의 생활 습관이다.

보통 덩치가 있는 분들이 자기는 몸이 뜨거워서 늘 찬물, 차가운 소주, 맥주만 찾는 분들이 많다. 필자가 잘 아는 대사 중에 H.E. Vitaly Fen 우즈베키스탄 대사가 있는데, 얼마전 신장

암 진단을 받고 세브란스 병원에서 몇 차례 수술을 받으셨고 지금도 고생하고 계시다고 한다. 그는 삼국지에 나오는 장비처럼 장대한 체구를 갖고 있고, 몸에 더운 기운이 많아서 젊을 때부터 찬 음료를 좋아했는데 그게 오랜 기간 습관화되어 신장에 무리가 왔고 급기야 신장암까지 걸리게 됐다는 것이었다.

필자는 그 대사님이 우리 호텔에 올 때마다 차 한 잔을 대접했는데, 그때마다 항상 하는 말씀이 "총지배인은 앞으로 절대 찬 음료를 마시지 말라"는 것이었다. 대사님도 신장암 수술 이후 찬 음료는 절대 입에도 대지 않고 따뜻한 물만 마신다고 하셨다.

지금 젊은 아빠들은 건강을 위해 어떤 습관을 가질 것인지 결정해야 한다. 자신이 누구인가? 바로 집안의 가장이지 않은가? 아빠가 몸이 아프면 활발한 사회생활도 못하게 될 것이고, 가정은 생계가 위협받을 것이고, 당연히 집안 전체가 침울하게 될 것이다. 아빠인 본인이 건강하지 못하면 아무리 부와 명예를 가졌더라도 아무런 소용이 없는 것이다. 늙어서도 건강하려면 젊을 때부터 식습관을 비롯해 건강하고 올바른 습관을 반드시 가져야 한다.

1920년생으로 100세가 넘은 한국의 살아 있는 철학자이신

김형석 교수님은 수십 년간 수영을 습관화하셨고 건강관리의 단초로 삼고 계시다고 한다. 지금도 강연과 집필 활동을 하고 계시며, 1947년생 아들인 김성진 한림대학교 명예교수와 식사를 해도 밥값은 본인이 계산하신다고 한다. 얼마나 대단한 분인지 모르겠다.

필자의 아버지는 96세, 어머니는 94세에 돌아가셨다. 아버지는 평생 농사와 행상을 하셨다. 힘이 부쳐서 행상을 못하시게 된 70세 이후에는 고추, 무, 배추, 고구마 등을 소일거리로 키우시며 하루도 쉬지 않고 일을 하셨다. 어머니도 마찬가지로 그런 아버지 옆에서 밭일을 평생 하셨다. 90세가 되시던 2015년 설에 아버지는 나에게 집 근처에 논을 사달라고 하셨다. 논농사를 하시겠다는 것인데 나를 비롯한 모든 형제들이 그 연세에 무슨 농사를 지으시냐며 뜯어 말렸다. 그러자 아버지는 "정말 논농사를 하고 싶다"고 말씀하셨는데 지금도 그 말이 기억에 남는다. 부모님 모두 비교적 건강하게 장수를 하신 이유는 바로 쉼 없는 노동이었던 것 같다.

어머님이 93세에 요양병원에 입원해 계실 때 일이다. 6인실 병실이었는데 하루는 앞 침대에 할머니 한 분이 입원해 오셨다. 어머님은 나에게 그 할머니 나이가 얼마인지 침대 앞 표지판에 적혀 있는 숫자를 읽어 보라고 하셨다. 표지판에는 82세라고 적혀 있었다. 그러자 어머님이 말씀하시길 젊은 애가 건강관리를 어떻게 했기에 아직 한창 나이에 여길 들어왔냐며 혀를 차셨다. 93세 어머님 눈에는 11살 어린 할머니가 젊어 보였던 것 같다.

하지만 그렇게 건강하셨던 부모님도 돌아가시기 몇 개월 전부터는 갑자기 힘을 잃어버리시고 정신도 혼미해지시더니 어느 날 갑자기 돌아가셨다. 건강하셨던 부모님도 우리에게 보여주신 마지막 모습은 안타깝지만 기억하기도 싫을 정도로 늙고 노쇠한 모습뿐이었다. 자식으로서 부모님이 돌아가시는 모습을 지켜보며 느낀 것은 이 모습이 바로 미래에 나의 모습이라는 것이었다. 정말 이제는 남의 일이 아니라는 생각이 들었고, 그날부터 나도 건강관리에 들어가는 계기가 되었다. 부모님은 돌아가시면서도 자식들에게 몸소 교훈을 보여주신 것이었다. 한마디로 요약하면 가장 좋은 건강관리는 건강한 습관이라는 것이다.

골프 싱글 플레이어가 되자

　운동을 좋아하는 사람이라면 한두 개 정도 잘하는 운동이 있을 것이다. 필자도 운동 체질은 아니지만 수영과 골프를 즐기고 있다. 인생을 살다보면 자신 있게 할 수 있는 운동 한두 개는 꼭 필요한 것 같다.

　축구 같은 거친 운동은 나이가 들어서까지 하기는 너무 힘들다. 아무래도 수영이나 골프가 나이 들어서도 할 수 있는 운동 같다. 수영은 어릴 때 한 번 배워두면 수십 년 뒤에 수영장에 가도 금방 적응이 되고 자유형이나 접영 정도는 쉽게 할 수 있다. 반면에 골프는 입문은 누구나 할 수 있지만 제대로 즐길 수 있는 수준까지 가려면 꽤 오랫동안 연습이 필요하다.

주변에 구력이 30년이나 되는 분들도 90타 정도 유지하는 사람은 많아도, 80대 타수를 유지하는 사람은 드물다. 만약 몇 달 동안 골프 연습을 하지 않으면 다시 100돌이로 돌아가 버리는 것이 골프이다. 그리고 골프처럼 같이 라운딩을 하면서 대화를 하고 비즈니스를 논할 수 있는 운동은 드물다. 이런 대화를 통해 사람들과 친해질 수도 있고 어려운 관계를 친한 관계로 전환시킬 수도 있다. 수영은 대화 자체가 힘들고 축구, 농구, 배구의 경우는 팀 경기로 같은 팀에서는 서로 호흡을 맞추기 위해 많은 대화를 하지만 상대팀과의 대화는 아예 불가능하다. 필자가 이왕이면 젊을 때 골프를 배워서 즐기자고 말하는 이유는 바로 이러한 특징 때문이다.

다양한 운동 중에 자기가 입고 싶은 옷을 멋있게 차려입고 즐길 수 있는 것도 역시 골프이다. 골프 이외에 다른 스포츠도 운동복을 입지만 멋을 부릴 수는 없다. 또한 나이가 들어서도 얼마든지 즐길 수 있어서 아들 내외나 딸과 사위와 같이 라운딩을 할 수도 있다. 세상에 어떤 운동이 아들과 며느리와 같이 즐길 수 있을까?

그런데 골프는 실력이 뒷받침되어야 한다. 골프를 치면서 상대방과 대화를 즐길 정도가 되려면 최소한 90타 정도는 칠 줄 알아야 필드에서 같이 걸을 수 있고 대화할 수가 있다. 90대

이상의 핸디캡을 가지고 있으면 솔직히 공 줍고, 찾느라 같이 골프 치는 사람들과 발맞추기도 힘들다. 필자는 거의 매일 새벽에 일찍 일어나 80분 정도 연습을 하고 출근을 한다. 덕분에 안정적인 80대의 핸디캡을 유지하고 운이 좋을 땐 싱글을 기록하기도 한다. 필자가 다니는 야외 골프연습장은 추운 겨울에도 타석이 꽉 차 있을 때가 많다. 그만큼 이제 많은 사람들이 골프에 진심인 것 같다. 골프는 지속적으로 잘 치기 정말 어려운 운동이기 때문에 사람들이 열심히 연습하는 것이고, 또한 골프만큼 폼이 잘못된 상태에서는 연습을 아무리 열심히 해도 실력이 늘지 않는 운동도 없을 것 같다.

그래서 골프는 사람의 인생처럼 제대로 치기가 쉽지 않다고 한다. 둥근 골프공을 드라이버로 아무리 정타로 쳐서 멀리 보냈어도 세컨 샷을 할 때 공이 러프나 벙커, 디보트에 빠져 있으면 그린에 올리기가 결코 쉽지 않고 그린에서 마무리 퍼팅을 잘 못하면 타수는 한없이 늘어가는 것이다. 각 홀에서 벌어지는 상황은 한 번도 똑같지 않고 예상하지 못한 변수가 늘 생기는 것이 정말 인생과도 같다. 그래서 필자는 정말 열심히 연습을 하고 저녁에는 빈 스윙을 1시간 이상 하고 수시로 집에서 퍼팅 연습을 하고 있다. 물론 아직까지 안정적인 싱글을 치지는 못하지만 계속 연습 중이고, 골프를 치면서 인생을 배우고 있다.

골프를 잘 치는 사람이 되려면 최소 1년 정도는 하루도 빠짐없이 연습을 하라고 권장하고 싶다. 일주일에 하루 시간을 내서 7시간을 연습하는 것보다 하루에 1시간씩 7일을 연습하는 것이 더 좋다. 또 평생 골프를 친다고 생각하고 도전하라고 권장하고 싶고, 이왕 칠거면 싱글 플레이어가 되어 보라고 강조하고 싶다.

인생 3모작을
할 수 있다

    퇴직 후의 삶은 정말 쉽지 않다. 사회적으로 성공한 비즈니스맨으로 살았다고 해도 60세 즈음이 되면 퇴직을 하게 되고, 일단 퇴직을 한 후에는 재취업이 쉽지 않다. 퇴직한 사람을 고용해주는 회사도 드물고, 종종 Open Position이 있더라도 이왕이면 젊은 사람을 뽑지 나이든 사람을 선호할 리 없다. 그리고 나이가 들면 체력적으로나 업무 속도, 능력 면에서 젊은 사람들처럼 일하기는 사실상 불가능하다. 물론 고용주의 경우는 70살이 되어서도 정력적으로 일하는 분들이 있지만, 필자가 호텔에서 만나 본 회장님들 중에 나이가 들어서까지 일할 것이라고 얘기하는 분들은 거의 없었다. 오히려 말년을 쉬면서 인생을 정리하고 그동안 못 즐긴 것을 해보고 싶어 하지, 이제 얼마 남지 않은 정력까지 소비하면서 일하고 싶은 분들은 드물고 더 일하는 것을 보람으로 느끼지도 않는다고 한다.

그런데 60세에 정년을 하고 나서는 할 일이 없다는 것이 정말 힘든 것 같다. 평생 아침에 눈뜨면 출근해서 일해 왔던 습관이 남아 있는데, 어느 날 갑자기 퇴직하고 나서 당장 어디 갈 곳이 없다는 것은 정말 적응하기 힘든 것이고 할 일이 없어서 생기는 무력감은 더욱 참기 힘들다.

30세까지 배우고, 60세까지 일하고, 60세 이후에는 새로운 도전으로 인생 3모작을 해보자고 말하는 이유는 바로 이 점에서 출발한다. 정년 후에 일하는 것은 더 이상 돈을 많이 벌거나 큰 성공을 위해서가 아니라, 지난 세월 쌓아 놓은 지식과 경험을 이용하여 큰돈 들이지 않고 내 이름을 걸고 이 세상을 이롭게 이바지한다는 생각으로 집필을 한다든지, 후학들에게 교훈을 남기는 등의 일을 하라는 것이다. 60평생 모은 모든 재산을 걸고 생계형 창업을 하라는 것은 절대 아니다.

필자 주변에도 인사교육담당 임원으로 근무했던 후배가 퇴직 후에 책을 써서 베스트셀러 작가가 된 사례도 있고, 대기업 사장으로 퇴직한 고등학교 선배는 그동안 살아온 인생을 모티브로 장편소설을 써서 대형 신문사 신춘문예에 당선되어 등

단한 사례도 있다. 또 서예나 그림을 배워 개인 전시회를 여는 분도 있고, 전국 명산을 직접 다니며 소개하는 유튜버도 있고, 퇴직 후에 대학원에 들어가 4년 만에 박사학위를 따서 대학강사로 활동하는 분도 있다.

그분들의 공통점은 말년을 정말 바쁘게 살고 있다는 것이고, 세상에 긍정적으로 다가서서 세 번째 도전을 즐기고 있다는 점이다. 그래서 필자도 시작한 것이 작가이자 서비스 전문 강사의 길이다. 물론 과거에 받았던 급여에 비하면 말도 안 되게 적은 수입이고 아예 수입이 없는 달도 있지만 말년에 찾아온 이 기회를 정말 알차고 바쁘게 보내고 있다.

퇴직 이후를
준비해라

언젠가 모두 퇴직을 하게 된다. 지금은 정년이 60세로 정해져 있기 때문에 퇴직 이전부터 나름 퇴직 이후의 삶을 고민하고 준비하게 된다.

그런데 임원이 되면 전혀 다른 얘기가 된다. 운이 좋으면 60세 넘어서까지 임원으로 회사를 다닐 수도 있지만, 1년 단위로 연장이 되기 때문에 경제 불황이라도 있으면 임원생활 1년 만에 퇴직을 당할 수도 있다. 우리나라 대기업 임원 수가 대략 7,000여명 정도인데 임원들의 평균 근속연수가 채 5년이 안 된다고 한다. 그래서 한 번 임원이 되면 성과를 내기 위해 정말 열심히 일을 하고 자기의 고과권을 가지고 있는 상사의 말이라면 죽는 시늉까지 마다하지 않고 잘 보이려고 노력을 한다. 물론 나는 언제 퇴직을 당해도 먹고 살만한 재산이 있고, 실력이 있어서 얼마든지 다른 직장으로 가면 된다고 말하는 사람들도 있다. 하지만 실상은 대기업의 임원으로 퇴직하게 되면 재취업을 하기는 정말 힘들고 설사 일자리를 구해도 대기업에서 받던 임원 급여를 받기는 더욱 힘들다.

모두가 60세 정도까지 계속 임원으로 살아남는 것이 제일 좋겠지만, 임원의 퇴직 시기는 도둑처럼 갑자기 찾아온다. 언제 퇴직 통보를 받을지 모르기 때문에 퇴직 후에 삶에 대한 준비는 미리 해두는 것이 좋다.

필자도 9년간의 꽤나 긴 임원생활을 했고, 적잖이 준비를 했다고 자부할 정도였으나 막상 퇴직을 통보받고 보니 퇴직의 상처를 치유하는 것 자체도 힘들었고, 마음속의 화를 지우는 데 6개월, 마음을 추스르는데 6개월 총 12개월의 시간이 걸렸다. 그동안 못 만났던 친구들도 만나고 고향도 찾아가고 여러 지인들을 만나봤지만 퇴직 전후 나를 대하는 지인들의 대우는 사뭇 달랐다. 그렇게 나를 찾던 지인들의 안부나 만남도 딱 6개월이 지나니 거짓말처럼 사라졌다.

필자가 제일 힘들었던 것은 아침에 일어나서 갈 곳이 없다는 것이었다. 먼저 퇴직을 한 선배들의 조언은 모두 똑같이 나도 그랬다는 것이고, 조금 쉬다가 빨리 할 일을 찾아보라는 것이었고, 더 나이가 들면 그나마 있는 일자리도 없어지고 만약에 일자리 없이 시간이 흐르면 몸도 마음도 축나서 그때는 정말 인생의 끝을 바라보는 신세가 된다는 것이었다.

젊은 세대들에게 벌써부터 퇴직 후를 대비하라는 말은 정말 어울리지 않는 말일지 모르지만, 필자의 경험으로 볼 때 직장생활 33년은 정말 빨리 지나가 버렸다. 누구나 퇴직은 도둑처럼 어느새 찾아올 것이다. 그게 명제인 것이다.

그렇다면 무엇을 준비해야 할 것인가?

1. 퇴직 후 다른 일을 할 수 있도록 젊어서부터 공부하자

현재 일하는 분야의 학과가 있다면 학위를 미리 따놓으라고 말하고 싶다. 그러면 전문대라도 교수 자리가 가능할 것이고 시간 강사라도 가능하다. 어차피 퇴직을 하면 같은 수준의 지위, 급여는 포기해야 한다. 그 누구도 그런 급여를 주지 않는다.

2. 관심 분야로 새롭게 공부를 해둬라

예를 들면, 노후에 살 집을 짓는 것도 좋을 것 같다. 시골 땅이나 집은 잘 찾아보면 싸게 구입할 수 있다. 집을 짓기 위해 목공, 전기, 디자인, 보일러, 도배 등의 공부를 미리해서 관런 자격증을 따놓으면 쉽게 집짓기를 할 수 있고, 업자의 눈속임에 넘어가지도 않는다.

필자는 캠핑을 좋아해서 미리 각종 장비도 준비하고 차도 새로 구입했었다. 하지만 캠핑은 많이 가도 한 달에 서너 번이었다. 집안의 대소사도 있고 지인들과의 약속도 있어서 의외로 시간내기가 어렵고 날씨가 좋지 않으면 시간이 있어도 캠핑을 하기가 사실상 불가능하다.

필자보다 5살 어린 손아래 동서는 나보다 일찍 퇴직을 하고 손해사정인을 비롯한 각종 자격증, 전기기능사, 목공 등을 배우고 다녔다. 그러다보니 이제는 학원에서 만난 사람들이 집을 지을 때마다 품앗이를 하고 다닌다고 한다. 본인이 집을 지을 때도 똑같이 품앗이를 해주기로 했다고 한다. 지금은 강원도 평창에 좋은 땅을 600평 사놓고 집 지을 준비를 하면서 하루하루를 정말 바쁘게 살고 있다.

3. 퇴직하고 고정적으로 아침에 출근하듯이 나갈 공간을 마련하라

퇴직하면 오랜만에 쉰다고 집에만 있으면 마음이 다잡아지지 않고 책도 눈에 안 들어온다. 아내도 갑자기 집에만 있는 남편과 같이 사는 것도 적응하기 쉽지 않고, 아무 일도 하지 않고 하루 세 끼 받아먹는 것도 힘들다. 그래서 필자는 집에서 차로 20분 거리에 있는 백련산 자락에 저렴한 사무실을 마련해서 매일 출근하고 책을 쓰고, 강의 준비를 하고 있다. 소설, 에세이, 호텔 전문도서를 기획해 현재 집필 중이다.

4. 퇴직을 하면 아이들은 전혀 다른 공간에서 사는 존재가 된다

퇴직을 하면 나와 아내는 노후를 보내는 사람, 아이들은 일하는 사람으로 구분되게 된다. 부모와 자식 간에 얘기는 주고받지만 아이들이 우리를 걱정하는 사람이 되지, 더 이상 우리가 아이들을 챙길 기회는 없어진다. 이제 아이들은 자기 인생을 살기 바쁘다.

5. 아내에게도 따로 즐길 거리를 마련해주자

퇴직하면 아내와 같은 공간과 시간을 보내게 되는데, 그동안은 하루 한 시간만 대화를 해도 정말 좋은 남편이었지만 이제는 잠자는 시간 빼고 매일 대화를 해야 한다. 그래서 부부가 하루에 한 번은 서로 마주치지 않는 각자의 공간과 시간 속에 들어가야 할 필요가 있다. 아내에게도 배움의 시간과 따로 즐길 공간을 줘야 한다.

어차피 돈벌이는 줄어들고 없다. 가지고 있는 돈을 써야 한다. 어떤 것을 배우는데 많은 돈을 들이기도 힘들다. 그런 면

266

에서 국가에서 지원해주는 내일배움카드는 매우 효과적이다. 각 구청별로 강의 계획이 빼곡하게 채워져 있다. 바리스타 과정부터라도 시작하면 그 강의 다니는 2개월은 그거 하나만으로도 정말 바쁘게 살 수 있고 흥미도 차고 넘친다.

6. 여행만 다닐 수는 없다

필자는 퇴직하면 1억을 들고 유럽으로 가서 북유럽의 노르웨이부터 남쪽의 나라로 쭉 내려오는 여행을 계획했었다. 하지만 코로나로 그 계획은 물 건너 가버렸고, 사실 해외여행은 6개월에 한 번 정도가 족한 것 같다. 나머지는 국내여행인데 이것도 매주 갈 수는 없다. 잘 가봐야 한 달에 한 번 꼴인데 계획 없이 갔었던 여행은 솔직히 기억에도 잘 남지 않는다. 차라리 전국 둘레길 돌기나, 전국 100대 명산 등반하기 같은 것이 성과도 계량화할 수 있고 도전하기도 좋다.

또한 전국 골프장 탐방하기 같은 것을 하고 싶다는 사람들은 많이 만나봤지만 실제 실행을 하는 사람들은 거의 못 봤다. 무엇보다 돈이 많이 들고 매번 4인의 동반자를 찾기가 어렵다. 맘에 맞는 4인끼리 갈 수는 있으나 4인이 모두 동의를 해야 하고, 모두 넉넉한 현금이 있는지도 미지수이다. 1회 라운드 비용 30만원만 잡아도 전국 100개 골프장을 돌려면

3,000만원이 들고 거기에 교통비, 숙박비, 식비를 추가하면 못해도 5,000만원이 든다. 이것을 1년 내에 달성하려면 365일 골프장만 돌아야 하고 100개의 라운딩은 예약하기도 힘들다. 솔직히 그렇게 할 만한 체력이 있는지도 미지수이다.

7. 같이 놀아 줄 친구들이 필요하다

같이 놀고 싶고 어울리고 싶은데 퇴직을 한 친구들도 각자의 삶을 살아가느라 나름 바쁘기 때문에 비정기적인 모임은 약속을 구성하기도 힘들다. 그래서 가급적 정기적인 모임 구성이 제일 무난하고 1년 스케줄을 미리 만들어 놓는 것을 추천한다. 당구 모임도 좋고, 골프 모임도 좋고, 등산도 좋다.

이제 퇴직을 했으니 자주 보자는 말은 정말 비현실적인 얘기일 뿐이다. 진짜 문제는 퇴직 전에는 모임에 안 나가다가 퇴직했다고 환영하며 받아주는 지인들은 별로 많지 않다는 점이다. 그래서 퇴직 전에 그런 지인들 관리는 끊임없이 해줘야 퇴직 후에도 같이 놀아준다.

8. 아내에게 정말 잘했어야 한다

퇴직하고 나면 남는 사람은 아내뿐인데, 퇴직을 눈 빠지게 기다려 주는 아내는 이 세상에 없다. 아내는 내가 없어도 친구들과의 모임이 정말 빡빡하게 스케줄이 잡혀 있는 사람이다. 내가 그 자리에 끼어들 수도 없고 나와 잘 놀아 주지도 않는다. 평소에 잘해 준 남편이어야 그나마 시간을 내서 놀아 준다. 돈 벌어 온다고 집안에선 손 하나 까딱 안하고 아내 부리기만 했던 남편은 퇴직 후에 정말 남남이 될 가능성이 농후하다. 퇴직하면 아내에게 할 말은 딱 하나이다. 내가 퇴직을 했으니 이제부터는 "아침밥은 내가 만들고 집 청소와 설거지, 쓰레기 처리는 내가 할 테니 점심은 같이 외식을 하고 저녁만 당신이 해줘." 이 정도는 말해줘야 아내에게 사랑받는 존재가 된다. 남편이 퇴직하면 별명이 삼식이가 된다는 말이 있는데 처가 어른이 살아계시고 가까운 거리에 있다면 1주일에 한 번 아내와 함께 처갓집에 가서 점심이라도 한 끼 모시고 와야 집에서 밥이라도 얻어먹을 수 있다. 또 그렇게 해야 시간도 잘 가고 일주일이 잘 간다.

9. 재취직을 할 거면 신입사원이 되라

왕년에 내가 임원이었으니 같은 지위를 내놔라 하면 말 자체가 통하지 않는다. 만약에 인터뷰라도 가게 되면 월급은 주는 대로 받겠다고 말하고 일은 신입사원처럼 일하되 경험을 살려서 조직에 도움이 되는 사람이 되겠다고 말해야 한다. 그렇게 해도 취직은 정말 될까 말까이다. 왜냐하면 그 자리에 줄 서 있는 30대처럼 보이는 40대들이 수두룩할 뿐만 아니라 그들이 나보다 실력도 더 출중하고 외국어도 더 잘한다.

10. 생계를 위해 돈을 벌어야 한다면 당장 학원에 등록해 공부하라

택시운전도 자격증과 경력이 필요하고 버스운전도 먼저 대형면허 따고 교육을 통과한 후 유치원이나 학원버스를 몇 년 끌어본 경력이 있어야 마을버스 운전기사라도 할 수 있다. 버스 운전기사는 아무나 할 수 없다. 이런 경력을 모두 충족해야 가능한 것이 버스 운전기사이다. 중장비 자격증을 따도 정작 초자에게 비싼 장비를 맡기지 않는다. 먼저 경력을 쌓아야 한다. 자기 전문 분야가 있다면 그 분야에 관련된 공부를 즉시 지속해서 실력을 더욱 키우는 것이 훨씬 좋다.

11. 퇴직을 하면 쉽게 몸이 허약해진다

건강 유지를 위해 운동하는 것이 아니라 살기 위해 운동해야 한다. 60세가 넘으면 노쇠현상이 급속도로 빨라지고 몸도 여기저기 아파온다. 얼마 전 고등학교 선배가 돌아가셨다는 안타까운 소식을 들었다. 그 선배는 키도 크고 얼굴도 잘생겼으며 공부도 잘해서 서울대학교와 하버드에서 학위를 받았고 행정고시를 통해 오랫동안 공무원으로 최정상을 달리다가 얼마 전까지 대기업 연구소장으로 있었는데, 그만 암에 걸려 최근 유명을 달리했다.

안타깝지만 인생은 모르는 것이다. 자기 꿈 또는 국가나 회사를 위해 몸을 혹사하다 보면 덜컥 병에 걸릴 수 있는 것이다. 그러니 시간 날 때 운동하는 것이 아니라 시간 내서 운동하고 정기적으로 운동하는 습관을 가져야 한다. 이제 운동해야지 말할 때가 아니고 당장 피트니스에 등록하고 여유가 되면 PT를 받아 운동하는 것이 제일 좋다. 정기적인 건강검진은 반드시 하고 의사가 먹으라는 약은 죽어도 먹고, 밥은 절대 허술하게 먹으면 안 된다.

12. 며느리가 손주들을 데리고 오게 만들려면 올 때마다 100만원씩 주자

며느리가 손주들을 데리고 오면 100만원씩 주자는 생각은 필자가 임원생활을 할 때부터 본인에게 약속했던 버킷리스트 중의 하나였다. 자식들이 분가를 하고 손주들이 생기고 나면 아이들 키우느라 바빠서 부모 얼굴을 보러 집에 오기도 힘들다. 그래서 손주들 얼굴 한 번 보기도 정말 힘들다고 한다. 며느리는 누가 들어와도 시댁 오기를 꺼리지만 친정집은 그렇게 자주 다닌다고 한다. 손주들도 외할아버지, 외할머니가 진짜

이고 친할아버지, 친할머니는 가짜라고 생각할 정도라고 하는데, 이런 얘기는 아직 필자의 경험담은 아니고 나보다 먼저 살아본 선배들의 얘기들이다. 모 기업의 대표 출신 선배가 얘기하기를 자기는 며느리가 손주들을 데리고 오면 올 때마다 100만원씩 준다는 것이다. 그렇게 돈을 써도 다 못쓰고 죽을 텐데 손주들 얼굴을 보기 위해서라도 돈을 그렇게 쓴다는 것이었다. 그래서 나도 그렇게 하기로 결심했다. 며느리가 한 번 올 때마다 100만원씩 줘야 한 달에 한 번이라도 손주 얼굴을 볼 수 있고, 또한 만약 살고 있는 곳이 지방이라고 하면 그 빈도수는 더욱 적어진다고 봐야 한다. 그렇게 100만원씩 용돈을 줄 수 있는 능력 있는 시아버지가 되어 보자.